U0600020

煤炭资源开发对环境影响的探究

韩永亮　冯爱辉　韩翠花　著

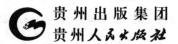

贵州出版集团
贵州人民出版社

图书在版编目（CIP）数据

煤炭资源开发对环境影响的探究 / 韩永亮，冯爱辉，韩翠花著. -- 贵阳：贵州人民出版社，2024. 10.
ISBN 978-7-221-18649-2

Ⅰ. F426.21

中国国家版本馆CIP数据核字第20245DK825号

书　　名	煤炭资源开发对环境影响的探究	
作　　者	韩永亮　冯爱辉　韩翠花	
出 版 人	朱文迅	
策划编辑	龚　璐	
责任编辑	潘江云	
装帧设计	尚芳芳	
出版发行	贵州出版集团　贵州人民出版社	
地　　址	贵阳市观山湖区中天会展城会展东路SOHO公寓A座	
印　　刷	河北文盛印刷有限公司	
版　　次	2024 年 10 月第 1 版	
印　　次	2025 年 1 月第 1 次印刷	
开　　本	710 毫米 × 1000 毫米　1 / 16	
印　　张	10.25	
字　　数	180 千字	
书　　号	ISBN 978-7-221-18649-2	
定　　价	58.00 元	

　　煤炭是工业主要的原料来源之一，素有"工业粮食"之称。我国煤炭资源总量丰富，但地理和市场分布不均衡，各产区的煤炭品种和质量差异较大。长期以来，煤炭作为我国经济发展的重要物质基础和制约因素，在为经济发展和社会进步作出巨大贡献的同时，煤炭开发也对矿区资源环境造成了严重破坏。煤炭行业的发展持续增长与生产安全、环境保护之间的矛盾日益突出。如何探索出一条煤炭安全高效生产、低消耗、低排放、快速发展的道路，是中国煤炭开发利用所面临且必须解决的问题。因此，为实现中国煤炭的可持续发展，有必要开展煤炭可持续开发利用与环境保护对策研究。

　　本书涵盖了煤炭资源开发及其对环境影响两个方面，主要内容包括煤田地质及煤的性质、煤炭资源开发与矿区资源环境、煤炭资源开采（采煤方法与采煤工艺、露天开采及煤矿特殊开采方法）、煤的环境成本及影响因素、煤炭的可持续开发与环境控制等。本书对煤炭开采及其对环境的影响进行了详细阐述，力求深入浅出，通俗易懂，结构清晰。本书可供从事环境、测绘、采矿、地质、管理等专业的科技工作者学习，也可供煤炭开采工作者参考。

　　本书在撰写过程中，作者得到了许多专家的宝贵建议，谨在此表示感谢。同时，作者参阅了大量相关著作和文献，因篇幅限制未能在参考文献中一一列出，在此向相关著作和文献的作者表示诚挚的感谢和敬意。由于作者水平有限且编写时间仓促，书中难免存在疏漏或不妥之处，恳请专家和同行批评指正。

目 录

第一章 煤田地质及煤性质 ·· 001

    第一节 煤田地质 ··· 001

    第二节 煤的形成与性质 ·· 016

第二章 煤炭资源开发与矿区资源环境 ····················· 031

    第一节 煤炭资源开发 ·· 031

    第二节 矿区资源环境 ·· 050

第三章 煤炭资源开采 ··· 064

    第一节 采煤方法与采煤工艺 ··································· 064

    第二节 露天开采 ·· 073

    第三节 煤矿特殊开采方法 ····································· 082

第四章 煤炭环境成本及影响因素 ····························· 093

    第一节 煤炭环境成本的理论基础 ······························ 093

    第二节 煤炭环境问题与环境成本的分类 ······················ 100

    第三节 煤炭环境成本的影响因素及其变化规律 ··············· 110

    第四节 煤炭环境成本管理 ····································· 115

第五章 煤炭可持续开发与环境控制 ·························· 126

    第一节 中国煤炭可持续开发 ··································· 126

    第二节 煤炭可持续开发与利用的环境控制 ··················· 135

参考文献 ··· 157

第一章　煤田地质及煤性质

第一节　煤田地质

一、煤田地质学发展简史

煤田地质学是研究煤炭资源地质的科学。它是在18世纪以后，伴随着工业化的变革及能源利用的第一次变革发展起来的。18世纪后半叶，蒸汽机的广泛应用带来了工业革命，促进了煤炭资源需求的增加。为了寻找煤炭及其他各种矿产资源，欧洲的许多国家相继成立了地质调查机构，发展了专门的地质科学。伴随着煤炭资源地质工作的发展，学者们对煤田地质的许多问题产生了争论，其中煤的起源是早期争论中最突出也是最持久的问题。当时有煤的有机成因说和无机成因说。显微镜的出现带来了地球科学的深刻变化，促进了煤田地质学的发展。19世纪三四十年代，古植物学家尝试将煤制成薄片，通过在显微镜下观察，才逐渐肯定了有机成因说的地位。

19世纪末到20世纪初，随着电力被引入工业社会，冶金技术飞速提高，钢铁生产急剧增加，有机合成工业开始萌芽，世界铁路交通迅速发展，这些因素都促使社会对煤炭资源的需求急剧增加。当时，世界上几个国家相继对鲁尔、南威尔士、顿巴斯、宾夕法尼亚等大煤田开展大规模的地质调查与研究，从而加速了煤田地质学的发展。那时，煤田地质学家人才辈出，他们发表了许多有影响的学术成果论文和专著。例如，20世纪初，英国的煤岩学家斯托普斯划分了四种煤岩成分，并论述了它们之间特征与性质的区别。20世纪20年代，德国学者波多涅发表了《普通煤岩学概论》，深化了煤田地质学的研究领域，开辟了煤微观研究的独立分支。此时，煤田地质学除了偏重研究煤的成因、性质、煤层变化等问题，还涉及煤的自然演化、煤层堆积条件、煤变质作用中的希尔特定律等。随着对煤炭研究的深入，初步建立了煤的工业分类、化学分类、岩石分类和成因分类，并围绕着含煤岩系的旋回结构层序，深化了煤系沉积学的研究。

中国煤田地质学的萌芽时期大致始于19世纪40年代，并持续到20世纪20年代中国地质学会成立。19世纪中叶，若干国外的自然科学著作被翻译介绍到中国。20世纪初，中国著名学者鲁迅与顾琅合编了《中国矿产志》（1906），其中论述了矿产和矿业问题，并涉及煤炭资源。采矿工程师邝荣光编制的《直隶地质图》，首次描绘了石炭纪和侏罗纪含煤地层的分布。20世纪10年代，叶良辅、刘季晨、谢家荣等地质学者集体调查西山地质，完成了北京西山1：100000地质图，将石炭纪地层命名为"杨家屯煤系"，将中生代的门头沟煤系、九龙山系、髻髻山系定为侏罗系，并在《北京西山地质志》中论述了煤田分布与向斜构造的关系。20世纪20年代，《北京西山地质志》出版，这是中国第一部区域地质专著。20世纪10年代，地质学家丁文江发表了《论中国煤炭资源》报告。

20世纪20年代初期，中国地质学会的正式成立标志着地质科学的发展进入了新的里程碑。首先开展广泛研究的领域是含煤地层的划分、对比及化石种群的研究。地质学家李四光和赵亚曾对华北含煤地层进行了研究，根据纺锤虫和腕足类化石划分了太原系，并确定了本溪系和太原系的界限，为含煤地层的划分及对比提供了科学依据。地质学家冯景兰研究了广西罗城煤田，建立了早石炭世的"寺门煤系"。地质学家袁复礼研究了甘肃西北部早石炭世地层，创立了"臭牛沟系"。地质学家丁文江和俞建章研究了南方贵州独山地区下石炭世地层，创建了"丰宁系"。地质学家斯行健研究了含煤地层植物化石，阐述了各地质时代植物的演进及其环境。地质学家潘钟祥研究了陕北中生代植物化石及油页岩地质。

20世纪20年代，地质学家谭锡畴编制了北京-济南幅1：1000000地质图，并论述了古生代、中生代和新生代的煤炭资源及第四纪泥炭的分布。许多地质学者纷纷研究中国各地的煤田地质，其中翁文灏、谢家荣、侯德封还专门讨论了中国煤田的分布规律，并绘制了中国煤田分布图。为了研究中国煤田的分布规律，并不断发现新的煤炭资源，中国地质学者开拓了煤田地质研究的领域。20世纪30年代，地质学家翁文灏、金开英提出了"加水燃率"指标的煤炭分类法。地质学家谢家荣将德国煤岩研究的观察方法引入中国，并提出了对江西乐平煤的新见解。

自20世纪30年代以后，随着煤炭资源作为主要能源的演变，地球科学进入了现代科学的发展时期，煤田地质学进入了系统发展和成熟阶段。

20世纪40年代以后，中国开展了大规模的煤田地质工作和区域地质研究，不仅在实践中发现了许多新的煤炭资源产地，而且推动了中国煤田地质学进入蓬勃发展的新阶段。特别是中国开展的两次煤田预测工作，开辟了举国规模的煤田地质研究与实践，使煤田地质学的研究水平进入了现代科学的行列。这一时期，区域煤田地质学的研究取得了进展，相继出版了《山西煤田地质》《辽宁煤田地质》《黑龙江煤田地质》《陕西省煤田地质图册》《湖南省煤田资料汇编》等许多区域煤田地质著作和文献。在广泛的煤田地质工作实践的基础上，中国曾两次组织高等院校、生产部门、科研单位集体编著了《中国煤田地质学》，该著作系统、全面地阐述了立足于中国实践的煤田地质基础理论和中国煤田地质的基本规律。

二、煤田地质学的研究领域

概括地说，煤田地质学是研究煤、煤层及含煤岩系的成因、性质、形成与演化，以及它们在地壳中的分布和聚集规律的科学。随着地球科学的现代化，煤田地质学的研究领域不断完善和开拓，各个研究方向日益深化，逐渐形成了系统完整的研究体系。具体包括以下研究领域。

（一）煤的物理组成和性质研究

根据研究属性和方法的不同，煤炭研究可以分为两个方面：一是将煤视作一种岩石，运用岩石学的研究方法，通过研究煤的各种物理属性（如不同的光学特征等），分析煤的物理组成和类型；另一种是利用化学属性，采用化学分析的方法，研究煤的有机和无机组分的化学工艺特征与组成，探讨煤质特征及其工业利用的评价等。这些研究逐渐形成了若干独立的学科，如煤岩学、煤化学、煤工艺学、煤质学、煤地球化学等。该领域的研究正在开拓充分合理地利用煤炭资源的新途径。

（二）煤形成作用研究

主要研究植物转化为煤的成煤作用，探讨这一复杂作用在不同阶段的特征、条件、影响因素及演变过程，阐明煤形成和演变的原因，以及不同成因的煤、不同煤种和煤质的变化规律，为煤质评价及煤种、煤质预测提供科学依据，并为探索和开发煤炭资源的新用途服务。

（三）煤层及煤系沉积学研究

煤作为沉积成因的固体可燃有机矿产，首先受到沉积学规律的控制。因此，研究煤、煤层、煤系堆积时的沉积作用和沉积体系特征，阐明不同沉积体系的形成演化对煤的物质组成、煤层和煤系的形成及分布的控制，形成了含煤性预测的基础。

（四）聚煤盆地构造研究

煤层和煤系的形成及其后期演变，特别是构造控制（即影响形成的古构造和影响形变的后期构造）的研究，是预测和评价煤炭资源开发利用的重要问题。在聚煤盆地的形成与演化的控制因素中，大地构造因素起着主导作用。为了阐明煤在地壳中的聚集分布规律，必须研究聚煤盆地的特征、类型及其与大地构造的关系，并对煤层的赋存变化进行构造预测。这些已成为煤田地质学的重要研究内容。

（五）煤在地壳中聚集分布的规律研究

聚煤规律研究是当今煤田地质学指导煤炭资源寻找和预测的基础。它运用多学科手段，在区域地质研究的基础上，借助煤盆地分析方法和原理，研究煤在特定地壳中的聚集和分布规律，从而为有效地开展煤田地质工作，对煤炭资源及其开发利用条件进行科学预测提供依据。

目前，煤田地质学正随着整个地球科学的变革和发展在改变着自己的面貌。

三、煤田地质学研究进展

（一）成煤作用的研究进展

1. 陆相成煤作用

传统的成煤作用理论或以往大多数煤地质研究者认为，成煤作用发生在一个水进水退旋回中的水退期。这一成煤模式的核心思想是聚煤盆地的演化具有阶段性。在这一阶段的后期，沉积体系中的活动碎屑系统被废弃，导致盆地范围内大部分或全部地区沼泽化，进一步发展为泥炭沼泽。在泥炭堆积适宜的区域，若地壳沉降区得以保存，则会发生成煤作用。可以说，世界上许多煤层都是在水退过程中或近海成煤环境下形成的。海退条件下形成的煤系要求盆地的沉降不能停止，并且在整个泥炭生成范围内需要发生沉降，甚至在向盆地方向沉降的幅度更大。这将导致滨海平原洼地的形成，并使泥炭堆积速率与沉降容纳速率保持平衡。除非有突发性洪水事件导致泥炭沼泽发育中止，否则在正常情况下，整个海退期内泥炭聚积作用将持续进行，直到盆地演化的下一阶段中活动碎屑体系（如冲积体系的发育）复活，导致泥炭沼泽发育中止。

"陆相成煤模式"更能说明煤是在陆相条件下，或者在盆地水域退却的情况下，由泥炭沼泽发育而成。在煤田地质学的理论体系中，成煤作用理论是最重要的组成部分。对于泥炭沼泽的定位，既不是水域也不是陆地，沼泽是水域与陆地的过渡环境。在成煤作用过程中，这样的过渡环境是非常关键的，但问题在于这个过渡环境在成煤作用发生和盆地演化过程中能够持续多长时间。因此，水域体系是成煤作用理论中最重要的一个因素。对于盆地的水域体系，以往煤田地质学理论很少涉及，这就限制了成煤作用理论的进一步发展。

2. 幕式成煤作用

幕式成煤作用是中国矿业大学的邵龙义教授等人研究中国南方石炭系—二叠系时，在海侵过程成煤理论的基础上提出来的。他们注意到，海陆交互相环境中的一些厚煤层，横跨不同相区并呈大面积分布（数百至数千平方千米）。同时他们也观察到，有些大面积连续分布的煤层，其形成环境与煤层下伏沉积物的沉积环境没有必然联系。他们用幕式成煤作用理论来解释这种横跨不同相区的大面积聚煤现象。由于海侵过程成煤的聚煤作用主要发生在海平面上升阶段，此时区域基准面随着海平面的上升而上升，从而提供了有利于成煤的可容空间，使得厚煤层得以聚集。因此可以推断，在海泛期可能形成一个沉积旋回中分布最广泛的煤层，而在最大海泛期可能形成沉积旋回中最厚的煤层或灰岩层。这种大范围的聚煤作用是由区域性，甚至全球性的海平面（基准面）变化引起的，它可以跨越不同的环境、不同的沉积相带，甚至不同的盆地。这一理论强调，海平面幕式上升期间滨岸平原环境的聚煤作用与幕式成煤作用的同期性。

3. 事件成煤作用

鉴于在不少地区发现海侵组合与煤层具有密切关系，而不少海侵沉积被认为是事件海侵沉积，中国地质学会煤田地质专业委员会委员李增学等提出了海侵事件成煤作用的观点。这个观点的基本内容是：海相沉积与煤层的组合受海平面变化周期的控制。海侵开始之初，可能导致在原有暴露的土壤基础上发育泥炭沼泽；这种泥炭沼泽是在陆表海盆地海水退出一段时间后，由于土壤暴露，或者海水退出不彻底，使盆地处于浅水但不是典型水域的环境，这实际上是一种特殊的沼泽环境。由于这种环境持续时间相当长，植物得以生长蔓延，泥炭沼泽进一步发展。这种泥炭沼泽不同于大陆上的泥炭沼泽，因为它时常受到海水的侵扰；泥炭在后来的大规模海侵发生后被保存。李增学等人的研究认为，煤层与海侵层有以下组合关系：在低级别的海平面变化周期中形成薄层海相灰岩与较厚煤层的组合，而在高级别的海平面变化周期中则多形成厚层海相沉积与薄煤层的组合。在层序地层格架中，海侵体系域的煤层位于体系域的底部，而海退成因的煤层则位于高位体系域的顶部。可以说，煤层的发育都与海平面升降变化中的转折期有关，而海侵成煤成为陆表海盆地成煤的重要特色。在低级别的海平面变化周期内，适合泥炭沼泽发育的时间相对较长，尽管海平面波动对泥炭堆积产生重要影响，但泥炭堆积得以较稳定地进行，最终形成煤。海侵事件成煤的等时性也从华北大型陆表海盆地海相沉积，和煤层中的生物组合、地球化学特征、地球物理数据等时对比中得到证实。

（二）成煤系统分析

随着国际能源需求的增长，世界主要产煤国都在致力于研究不同地质时期、不同聚煤区和不同沉积盆地的聚煤规律。在煤田地质基础理论研究方面，中国学者提出了聚煤作用系统的理论；美国学者米利奇等提出了成煤系统的概念。根据米利奇等人的观点，成煤系统是指形成历史相同或相近的几个煤层或煤层群。划分或定义成煤系统的标志主要包括：①古泥炭堆积的原始特征。②煤系的地层框架。③主要地层组的煤层丰度。④与古泥炭堆积的地质和古气候条件相关的煤中硫含量及其差异性。⑤煤的变质程度或煤级。煤是原始泥炭经历一系列既复杂又相互关联的地质过程的产物。一般来说，煤层可用其煤级（从褐煤到无烟煤）、厚度、空间分布、几何形态、煤岩与煤化学特征、生成生物气与热成因气，以及液态烃的潜力等特征来描述。成煤系统分析与建立煤系统模型不仅将煤的形成、煤质及其环境效应和煤作为烃源岩的认识水平提高到一个新的境界，也为煤炭资源和煤层气资源评价提供了系统理论基础。

成煤系统理论一方面将煤地质学的各个分支学科置于统一的研究框架之下，弥补了煤田地质学家通常仅对有限的煤地质领域（如含煤岩系的地层学和沉积学）感兴趣，导致研究系统性和完整性不足的缺陷；另一方面，成煤系统分析方法也是整合和组织煤盆地（煤田）各种地质信息的工具。

（三）煤层气（煤矿瓦斯）赋存与富集机理

美国是最早开展煤层气地质研究并成功进行勘探开发的国家。美国的煤层气理论体系最初建立在落基山前陆盆地相对简单的煤地质条件和特定环境基础之上。相比之下，中国煤盆地的地质背景要复杂得多。由于成煤条件的多样性、成煤时代的多期性、构造的复杂性以及改造的多元性和不均一性，中国已勘探的主要煤储层具有低压、低渗、不饱和、构造煤发育和高煤级煤产气的特点。因此，美国的煤层气地质理论并不完全适用于中国。国家重点基础研究发展计划项目"中国煤层气成藏机制及经济开采基础研究"已完成了对煤层气地质理论以及勘探开发试验的总结工作，其主要进展包括：①通过对典型盆地或煤田的煤层气成藏动力学系统及其成藏机制的研究，深化了对煤层气富集规律及其控制因素复杂性的理解，指导了煤层气开发有利区块的优选。②提出了煤层气富集单元的概念，建立了富集单元序列，并在完善资源分类系统的基础上，提出了煤层气可采资源量的计算方法。

瓦斯地质和煤层气地质是同一问题的两个方面，它们都以煤层中自生自储的甲烷气体及其相关地质问题为研究对象。不过，瓦斯地质结合煤矿采掘工程，从保障煤矿安全生产的角度研究煤层瓦斯的赋存、涌出和煤与瓦斯突出自然规律。正在实施的国家自然科学基金重点项目"煤矿瓦斯构造控制机理研究"和国家重点基础研究发展计划项目"预防煤矿瓦斯动力灾害的基础研究"，在特定地质条件下研究瓦斯的赋存、运移规律，煤与瓦斯突出机理，煤层瓦斯含量、瓦斯涌出量和瓦斯突出危险性的预测，瓦斯突出危险区的地球物理辨识体系等方面，取得了重要进展。特别需要指出的是，传统的瓦斯地质研究属于灾害地质学范畴。近年来，由于对洁净能源的需求以及煤层气地质和瓦斯地质的协同研究，人们对煤矿瓦斯的认识已经从灾害转化为资源；有关建立煤层气地面与煤矿井下一体化抽采系统、煤矿井下煤-气共采体系等问题，已引起中国相关部门和学者的高度重视。

（四）煤田综合勘查体系与煤矿开采地质保障系统

长期以来，中国煤田地质界普遍采用以钻探为主的勘查方法，满足了浅部煤炭资源勘探开发的需求。然而，煤炭工业的快速发展对煤田地质勘查提出了更高的要求。煤矿三维地震勘探发展迅速，除了常规的构造分析及解释外，煤田地震地层学和煤层的精细描述技术也取得了显著进展。三维三分量地震勘探技术在裂隙、应力和瓦斯地质评价与预测方面提供了更多信息。为了快速、准确地查明煤炭资源和煤矿开采地质条件，需要改变以钻探为主的勘查方法，充分发挥各类勘探手段的技术优势，优化综合勘探方法，建立多手段立体交叉式勘探技术体系，这已经成为煤田地质界的共识。

大型现代化煤矿要求在开采前预先查明地质体的精细变化，煤矿开采中的瓦斯、水、火、顶板、煤尘五大灾害都与煤矿的地质条件密切相关。因此，建立煤矿地质保障系统已成为实现煤炭高产、高效、安全生产的关键环节。中国煤矿水文地质条件复杂，煤田受水威胁的严重程度居世界之最。近年来，我国科研人员在煤矿突水机理和陷落柱发育规律、保水采煤技术、煤田岩溶水防治技术体系、煤层底板含水层注浆改造可靠性保障技术和水情自动监测等方面取得了重要进展，保护了一批受水害威胁的煤炭资源。矿井直流电法、矿井音频电穿透、矿井无线电波透视、槽波地震、瑞雷波地震、矿井二维和三维地震、矿井地质雷达等勘察方法，为煤矿地质体的精细探测作出了重要贡献，并成为煤矿地质保障系统中综合探测技术的重要组成部分。

煤田地质勘探是一项庞大的系统工程。计算机技术已广泛应用于煤田地质勘查的各个领域，力图实现数据资源共享和信息化传输过程。以"3S"技术系统为平台，中国地质调查局发展研究中心更新和升级了"全国煤炭地质工作程度数据库"，研发并建立了全国煤炭资源地质主流程信息系统，开发了地质信息三维可视化技术，建立了勘探区高分辨率地质模型。同时，信息技术正在向矿井地质多元信息（地质、钻探、物探、采掘）集成分析与预报方向发展。实现煤矿高效、安全开采过程中的动态地质保障，是通过大量矿井多元地质信息的重新处理和精细解释，以煤矿生产动态过程中所揭露的实际资料为约束，进行未采区地质条件的实时、动态预报。以工作面的小构造预测为目的，在矿井地质多元信息提取、处理的基础上，实现三维地震属性信息与矿井地质动态信息的相互融合。

四、煤的使用范围

远在两千多年以前，中国的劳动人民就首先发现了煤炭并将其用作燃料。然而，由于当时科学技术不发达，在相当长的时间内，煤的利用仅限于较狭窄的范围，如做饭、取暖、打铁等。

随着近代工业的发展，特别是冶金工业和有机化学合成工业的发展，煤的需求量日益增加，其用途也越来越广泛。

①气化。气化是指将固体煤炭在煤气发生炉中进行不完全燃烧和化学反应，以产生一氧化碳、甲烷、氢气等可燃气体。煤气是一种极佳的工业和民用燃料，同时也是重要的化学原料。使用煤气作为燃料的效率比直接燃烧煤高出一倍多，并且煤气具有清洁、简便、热量稳定、易于控制和节省运力的优点。因此，煤气已被广泛应用于钢材、金属热处理、窑业、化工、冶金燃料及民用生活等领域。水煤气是合成氨肥料和炸药的主要原料之一。焦炉煤气不仅可用于合成氨，还能用于合成纤维。当使用褐煤和烟煤制气时，还可以回收重要的化工原料——煤焦油。

②炼焦。将具有黏结性的煤在炼焦炉中隔绝空气加热，可以得到坚固多孔且具有化学活性的焦炭，同时还可以获得煤焦油、苯、氨、煤气等多种产品。焦炭是冶金工业的重要原料之一，它不仅是燃料，还是还原剂。煤焦油和粗苯胺都是重要的化工原料，是炸药、肥料、农药、医药、染料、塑料、香料等产品的主要来源。随着国民经济的发展，炼焦化学工业将迅猛发展，并日益显示出其综合利用的广阔前景。

③化学合成（煤—电石—乙炔）。将煤或焦炭与石灰石混合加热至3000℃时，可制得电石（即碳化钙）。电石与水作用，就得到乙炔。乙炔在燃烧时具

有高温，可用于切割钢板和熔化金属；同时，乙炔也是化学合成的原料气，用于生产人造纤维、合成橡胶、电影胶片、防碎玻璃、抗冻剂、醋酸、炭黑、酒精、塑料、颜料等的原料。这是化学合成工业发展的一个重要方面。

④泥煤、褐煤的综合利用。从泥煤和褐煤中可以提取腐植酸，用于制作染料和肥料，还可以通过氧化过程制得草酸和醋酸。

⑤石煤的综合利用。石煤与其他煤种相比，虽然含碳量低，杂质较多，但只要掌握其特性并采取适当措施，也可以加以利用。目前，在地方工业和民用中，石煤被用作燃料来烧饭、烧石灰、炒茶、烘茧、烧陶瓷等；燃烧后的石煤渣可制成碳化砖、瓦、水泥等建筑材料。在工业上，石煤除用作燃料烧锅炉（如沸腾式、喷粉式、捆管式等）制气发电外，还可作为化工原料，用于生产合成氨的原料水煤气。此外，石煤还含有镍、钒等稀有元素，可以提取。

总之，煤的用途十分广泛，综合利用大有文章可做。

五、煤田地质学学科框架体系

煤田地质学是应用地质学的一门分支学科，主要研究煤炭资源的成因、性质、赋存、勘查、开发、利用以及环境保护等方面。随着煤炭资源开发利用程度的提高，全社会环境意识的增强，以及可持续发展观念的深入，煤炭地质工作已经从大规模的找煤、勘查，扩展到煤炭勘查、生产和加工利用的全过程，以及相关的资源保护与环境保护工作。因此，煤田地质学不仅要研究煤的形成和聚集规律、赋存状态、资源评价、开采条件等资源勘查、开发和利用中的基本地质问题，还要研究和解决煤炭资源开发利用中不断出现的新问题，如高产、高效、高安全、高回收率开发的地质保障，煤及其共伴生矿产的综合利用，煤炭开发过程中的废弃物处理，矿区复垦，以及碳捕获与碳封存技术等。

基于以上分析，学者曹代勇等人构建了一个由理论基础、技术支撑、研究内容和工作目标四个部分组成的煤炭地质学研究框架体系（如图1-1所示）。这一研究框架强调了煤田地质学应承担的四大任务和目标：①确保国家能源安全，维持充足稳定的资源供应。②为煤炭工业实现高产、高效、高安全、高回收率提供可靠的开采地质保障。③实现煤炭资源的高效洁净利用。④减少煤炭开发利用全过程中的伴生地质灾害，降低环境影响。

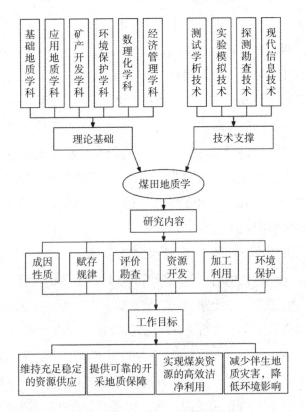

图1-1　煤田地质学研究框架体系

六、煤田、聚煤期及聚煤区

（一）煤田

1. 煤田的概念

煤田是指在同一地质时期形成，并大致连续发育的含煤岩系分布区。其面积小于聚煤盆地，有的古生代煤田仅相当于其原始聚煤盆地面积的几十分之一。煤田面积一般为几十到几百平方千米，如辽宁阜新煤田、山东鲁西煤田等。

构成一个煤田的含煤岩系可以是连续分布的，也可以是不连续的。不连续分布是由于形变后受到剥蚀的结果，例如，褶皱的背斜部分的含煤岩系被剥蚀掉，而向斜部分得以保存。这一系列相隔不远的向斜中的含煤岩系属于同一个煤田。根据地理条件、地质构造和生产规模，一个煤田可以划分为若干个煤矿区或煤产地，每个煤矿区又可分为若干个井田。

通常，一个煤田的构成包括三部分：含煤岩系、盖层和基底。在普查、勘探以及开发过程中，需要对含煤岩系、盖层和基底进行全面研究。盖层的岩性和厚度是选择勘探手段和开拓方式的决定性因素之一。根据盖层对含煤岩系的覆盖程度，煤田可以分为暴露式煤田、半暴露式煤田和隐伏煤田。

根据含煤岩系的构造形态特征不同，可以划分出煤田的构造形态类型。多数煤田呈现为向斜和复式向斜构造，或表现为平缓开阔、简单的向斜，如中国山西的沁水煤田；或者呈现出强烈、紧闭的复式褶皱，并被许多断裂所复杂化，如中国东南各省的古生代煤田。

由单一地质时代的含煤岩系形成的煤田称为单纪煤田，如抚顺煤田、阜新煤田。由多个地质时代的含煤岩系形成的煤田称为多纪煤田，如鄂尔多斯煤田，包括石炭—二叠纪、三叠纪和侏罗纪三套含煤岩系。中国煤炭资源丰富，煤田分布遍及各省区，含煤岩系从石炭纪到第四纪早期均有分布。

煤田的面积和储量各不相同，地理分布也不均匀。世界上地质储量超过2000亿吨的大煤田约有20个，著名的有勒拿河煤田（俄罗斯）、鄂尔多斯煤田（中国）和阿巴拉契亚煤田（美国）等；地质储量在500亿吨到2000亿吨之间的煤田有200多个。面积最大的煤田是俄罗斯的通古斯煤田，超过一百万平方千米；而面积较小的煤田仅有十几到几十平方千米。煤田的地理分布以亚洲最多，北美次之。

2. 煤产地的概念

煤产地是指受后期大地构造变动和剥蚀作用影响而分隔开的一些独立的含煤岩系分布区，或面积和煤炭储量相对较小的煤田。中国原煤炭工业部门习惯于在煤田内划分"煤矿区"，其含义与煤产地相近，是指统一规划和开发的煤田或其一部分，如山西阳泉矿区、山东兖州矿区等。

矿田是煤田中划归一个矿山开采的部分，地下开采的矿田又称为井田。通常，一个井田即为一个煤矿。例如，山东兖州矿区划分为南屯煤矿、东滩煤矿、鲍店煤矿、兴隆庄煤矿等。

（二）聚煤期

地质历史中有聚煤作用发生并形成具有工业价值的煤矿床的时期，又称为成煤时代或成煤期。

从全球范围来看，自晚泥盆世至今，聚煤作用从未完全中断过，均可纳入聚煤期内，只是不同时间段聚煤作用的强弱有所不同。20世纪30年代，俄罗斯地质学家斯捷潘诺夫根据统计资料提出，晚石炭世至二叠纪、侏罗纪和晚白垩世末期至第三纪，是聚煤作用最强的三个时期；而早石炭世、早中三叠世和晚白垩世，则是聚煤作用最弱的三个时期。

20世纪70年代末，俄罗斯地质学家马特维耶夫基于斯捷潘诺夫的统计资料，补充了截至20世纪60年代末世界新发现的煤炭资源资料数据，编制了世界煤地质储量的地层分布图，并用图示表示各个时代煤地质储量占全球煤地质总储量的百分比。根据新的资料，侏罗纪和白垩纪的聚煤作用最为显著，尤其是白垩纪的聚煤作用强度显著增加，其重要性甚至超过了第三纪。21世纪初，在南美洲的巴西、秘鲁、哥伦比亚三国交界处，发现了地质储量超过2万亿吨的新第三纪阿尔塔—亚马孙煤田，因此有人认为，第三纪的聚煤作用可能超过侏罗纪和白垩纪。根据20世纪70年代末的资料，世界煤炭资源有40%分布在晚石炭世和二叠纪地层中，约有50%分布在晚白垩世和第三纪地层中。

总之，从晚泥盆世开始到二叠纪，聚煤作用的强度不断增大。早、中三叠世是聚煤作用的低潮期。从晚三叠世开始，经侏罗纪、白垩纪至第三纪，聚煤作用的强度又不断增加。过去认为晚白垩世的低潮期并不存在。此外，从全球广泛分布的泥炭矿床推断，第四纪的"聚煤作用"强度也是很大的。应该指出，前述聚煤作用强度随时间变化的事实是基于现有资料，有些资源尚未被发现，更主要的是没有（目前也无法）将聚煤期后的剥蚀量考虑在内。因此，由已知煤炭资源得出的聚煤强度变化只是近似的。

上述聚煤期和主要聚煤期是从全球角度而言的。不同国家和地区的主要聚煤期各有差异。中国的主要聚煤期包括：早石炭世、晚石炭世—早二叠世、晚二叠世、晚三叠世、早侏罗世、中侏罗世、晚侏罗世—早白垩世和第三纪。

地质史上聚煤盆地的形成受成煤作用、聚煤期古构造、古地理、古气候和古植物等多种因素的综合影响，因此各个时期成煤作用的发育程度是不均衡的。

（三）聚煤区

聚煤区是指在地质历史中具有聚煤作用，并且其中煤田和含煤区的形成条件具有一定共性，其边界与大地构造基本吻合的广大地区。

中国地质史上三个主要聚煤期形成的煤田遍布各地。为便于研究和工作，以大型地质构造带为界，划分为五个聚煤区。

1. 东北聚煤区

东北聚煤区，又称东北内蒙古晚侏罗—早白垩世聚煤区。该聚煤区位于阴山构造带以北，包括内蒙古东部、黑龙江全境、吉林大部分和辽宁北部的广大地区。主要成煤时代为晚侏罗世到早白垩世，其次为早第三纪。晚侏罗世是成煤作用最强的时期，煤田分布广泛，主要分布在大兴安岭西侧、松辽盆地及阴山构造带北缘。早、中侏罗世煤田主要分布于该区的南部。早第三纪煤田主要沿华夏式断裂及阴山构造带分布。该区煤炭资源量约占中国煤炭总资源量的8%。

该区目前探明和开采的煤田（或煤产地）主要有：鸡西、双鸭山、鹤岗、和龙、延吉、蛟河、扎赉诺尔、牙克石、白音华、元宝山、北票、阜新、铁法、抚顺、沈北、舒兰、依兰、珲春等。

2. 西北聚煤区

西北聚煤区，又称西北早、中侏罗世聚煤区。该区位于贺兰山—六盘山一线以西，昆仑山—秦岭一线以北的广大地区，包括新疆全部、甘肃大部、青海北部、宁夏和内蒙古西部。成煤时代为石炭纪和早、中侏罗世，其中以早、中的成煤作用最为显著，尤其是新疆境内的含煤性最佳。

3. 华北聚煤区

华北聚煤区，又称华北石炭二叠纪聚煤区，是中国最重要的聚煤区之一。其范围包括贺兰山构造带以东、秦岭构造带以北、阴山构造带以南的广大地区，涵盖山西、山东、河南全境，甘肃、宁夏东部，内蒙古、辽宁、吉林南部，陕西、河北的大部分地区，以及苏北、皖北。该区石炭二叠纪煤田分布最广，储量最多，占全区储量的80%以上。这个地质时代的煤田主要有山西的沁水、大同、宁武、平朔、阳泉、黄河东、运城、潞安、晋城，山东的济宁、兖州、淄博、新汶、莱芜、肥城、枣庄，河南的平顶山、焦作、鹤壁、安阳、永城、密县，河北的开滦、兴隆、峰峰、邢台、井陉，安徽的淮南、淮北，江苏的徐州、丰沛，辽宁的本溪、沈南、南票，吉林的浑江、长白，陕西的府谷、吴堡、渭北，宁夏的贺兰山及内蒙古的桌子山、准格尔等。其次为早、中侏罗世煤田，主要分布在鄂尔多斯盆地、燕山南麓、内蒙古大青山、豫西、山东、辽宁等地。其中以内蒙古的东胜，陕西的神木、榆林、黄陵最为著称。尤其是东胜—神木煤田，其储量之大，煤质之优，为世界罕见。以促进经济活动再次集聚和发展以促进经济活动再次集聚和发展，早第三纪煤田主要有山东黄县、山西繁峙等地。

4. 滇藏聚煤区

滇藏聚煤区，又称滇藏中、新生代聚煤区。该区位于昆仑山系以南，龙门山—大雪山—哀牢山一线以西，包括西藏全境、青海南部、四川西部和云南西部地区。该区主要的成煤时代为二叠纪和晚第三纪，早石炭纪、晚三叠纪和晚白垩纪虽有含煤岩系分布，但含煤性较差。

5. 华南聚煤区

华南聚煤区，又称华南晚二叠世聚煤区。该区位于秦岭、大别山以南，龙门山、大雪山、哀牢山以东，包括贵州、广西、广东、海南、湖南、江西、浙江、福建全境，以及云南、四川、湖北的大部分地区，还有江苏和安徽两省的南部，其范围跨越13个省（区）。

该地区的成煤时代较多，分别为早石炭世、早二叠世、晚二叠世、晚三叠世、早侏罗世及晚第三纪。其中，以早二叠世晚期至晚二叠世的成煤作用最为强烈。主要的煤田包括云南的宣威，贵州的六盘水、织金、纳雍，四川的南桐、天府、中梁山、广旺，湖南的涟邵、郴耒，湖北的黄石，广东的曲仁、梅县，广西的合山，福建的天湖山、永安，浙江的长兴，以及皖南的宣泾等地。

早二叠世晚期至晚二叠世的煤系含煤性普遍较好，占全区储量的60%左右。其次是晚三叠世的煤田，主要包括四川的渡口、永荣、威远，云南的平浪，广东的南岭、马安，湖南的资兴，湖北的秭归、荆当，江西的萍乡、攸洛，以及福建的邵武等煤田。其中以云南和四川一带的含煤性较好，储量较多。第三纪煤田与晚三叠世煤田的储量相当，主要煤田有云南的小龙潭、昭通、先锋，广西的百色、南宁、合浦等。该区除贵州西部煤田较大外，主要是中小型煤田。全区的煤炭资源量约占全国煤炭资源量的6%。

第二节　煤的形成与性质

一、煤的形成

（一）成煤植物及成煤环境

1. 成煤植物

成煤植物，即形成煤的原始植物。成煤植物可以分为高等植物和低等植物。高等植物是指苔藓植物、蕨类植物和种子植物这三个大类的总称。低等植物的植物体是单细胞或多细胞的叶状体，通常没有根、茎、叶等器官的分化，也没有中柱，其生殖器官也是单细胞的，合子（由精子与卵结合而成）发育成新植物体时不经过胚的阶段。

成煤作用主要依赖于陆生高等植物，低等植物如菌藻类次之。成煤植物的有机组成和化学性质影响煤的类型和特性。植物的有机组成包括纤维素、半纤维素、果胶质等碳水化合物，木质素，蛋白质，以及脂类化合物（包括脂肪、树脂、树蜡、角质、木栓质等），此外还有鞣脂、色素等。高等植物的组成以纤维素、半纤维素和木质素为主，而低等植物则以蛋白质为主，并含有碳水化合物和脂肪。

植物遗体堆积在沼泽中，在微生物的参与下容易发生分解。由于植物的组成不同，其化学稳定性差异较大。纤维素、半纤维素、果胶质等容易水解成葡萄糖，还可以进一步分解成二氧化碳、甲烷和水；木质素相对比较稳定，但也可以氧化成芳香酸和脂肪酸；蛋白质在分解过程中释放氨气，并形成氨基酸等含氮化合物；脂类化合物中只有脂肪容易因水解而产生脂肪酸和甘油，而树脂、树蜡等则很稳定，即使在强酸环境下也难溶解或分解，只有当沼泽水流通性强时，才会发生氧化分解。

2. 成煤环境

煤是由堆积在沼泽中的植物遗体转变而成（见成煤植物）。适合植物遗体堆积并转变为泥炭的地方是沼泽。沼泽是土壤长期或季节性被水饱和覆盖的区域，表面和周围有植物生长。当沼泽中形成了一定厚度的泥炭层时，就称为泥炭沼泽。适合泥炭沼泽发育的沉积环境包括海滨或湖泊沿岸、三角洲平原、冲积平原、冲积扇前缘等。

根据水源补给条件，沼泽可分为低位沼泽和高位沼泽。由地下水补给的低位沼泽，含有丰富的矿物质，有三种基本类型：①树沼或森林沼泽，一般为淡水，水层较浅，有高大乔木和灌木共生，由于植物生长繁茂，遗体大量堆积，容易形成厚的泥炭层；②草沼，水层稍深，有水生植物和草类生长，一般为低位沼泽，分布在海岸附近的为咸水至半咸水，分布在内陆环境的为淡水；③漂浮沼泽，分布于湖泊或沼泽中的开阔水域，是低位沼泽深水区顶部的特殊类型，漂浮沼泽的表面几乎完全被沉水植物，特别是菅茅和草类覆盖，有薄泥炭层形成并浮于水面，植物根系可穿透泥炭层，又称沼泽湖或颤沼。此外，某些低位沼泽以占优势的植物群落命名，如分布在海岸潮间带半咸水的红树林沼泽，淡水、酸性土壤、有泥炭藓和菅茅生长的泥炭藓沼泽，淡水、碱性土壤、以芦苇为主的芦苇沼泽等。

高位沼泽的地貌景观不同于低位沼泽，其中心凸起呈圆盘状，周缘地势较低，通常由低位沼泽演化而成。沼泽地区的地下水位略低于这类沼泽的表面，主要由大气降水补给，缺乏矿物质补充。因此，高位沼泽发育到后期时，植物会矮化，物种单一。如果潜水面不发生变化，高位沼泽的沼泽环境难以长期维持。

当气候或地质构造等因素引起沼泽水面或地下水潜水面发生变化时，上述不同类型沼泽可以互相转化，尤其是低位沼泽发育到晚期时，常演化成高位沼泽。不同类型沼泽形成不同煤岩类型的煤（见煤相）。

（二）成煤作用

1. 成煤过程及影响因素

煤是由植物残骸经过复杂的生物化学作用和物理化学作用转变而成的。这个转变过程被称为植物的成煤作用。一般认为，成煤过程分为两个阶段：泥炭化阶段和煤化阶段。前者主要是生物化学过程，后者主要是物理化学过程。

在泥炭化阶段，植物残骸既发生分解又进行化合，最终形成泥炭或腐泥。泥炭和腐泥都含有大量的腐殖酸，其成分与原植物的成分已经有很大的不同。

煤化阶段包含两个连续的过程：第一个过程是在地热和压力的作用下，泥炭层发生压实、失水、质地老化、硬结等各种变化，最终形成褐煤。褐煤的密度比泥炭大，组成上也发生了显著的变化，碳含量相对增加，腐殖酸含量减少，氧含量也减少。由于煤是一种有机岩，所以这个过程又称为成岩作用。第二个过程是褐煤转变为烟煤和无烟煤的过程。在这个过程中，煤的性质发生变化，因此这个过程又称为变质作用。地壳继续下沉，褐煤的覆盖层也随之加厚。在地热和静压力的作用下，褐煤继续经历物理化学变化，被进一步压实、失水，其内部组成、结构和性质都进一步发生变化。这个过程即是褐煤变成烟煤的变质作用。烟煤比褐煤碳含量高，氧含量低，腐殖酸在烟煤中已经不存在。烟煤继续进行变质作用，由低变质程度向高变质程度变化，从而出现了低变质程度的长焰煤、气煤，中等变质程度的肥煤、焦煤，以及高变质程度的瘦煤、贫煤。它们之间的碳含量也随着变质程度的加深而增加。

温度在成煤过程中的化学反应中起着决定性的作用。随着地层的加深和地温的升高，煤的变质程度逐渐加深。高温作用的时间越长，煤的变质程度越高，反之亦然。在温度和时间的共同作用下，煤的变质过程主要是化学变化过程。在这一过程中，发生了多种化学反应，包括脱水、脱羧、脱甲烷、脱氧和缩聚等。

压力是煤形成过程中的一个重要因素。随着煤化过程中气体的析出和压力的增加，反应速度会越来越慢，但这能促使煤化过程中煤质物理结构发生变化，减少低变质程度煤的孔隙率和水分，并增加其密度。

当地球处于不同的地质年代时，随着气候和地理环境的变化，生物也在不断地发展和演化。就植物而言，它们从无生命状态逐步发展到被子植物。这些植物在相应的地质年代中形成了大量的煤。在整个地质年代中，全球范围内有三个主要的成煤期：①古生代的石炭纪和二叠纪，成煤植物主要是孢子植物，主要煤种为烟煤和无烟煤。②中生代的侏罗纪和白垩纪，成煤植物主要是裸子植物，主要煤种为褐煤和烟煤。③新生代的第三纪，成煤植物主要是被子植物，主要煤种为褐煤，其次为泥炭，也有部分年轻的烟煤。

2. 煤的元素组成

煤的组成以有机质为主体，构成有机高分子的主要元素是碳、氢、氧。煤中存在的元素多达数十种，但通常所指的煤的元素组成主要是碳、氢、氧这三种元素。在煤中含量很少、种类繁多的其他元素，一般不作为煤的主要元素组成，而仅被视为煤中伴生元素或微量元素。

（1）煤中的碳

一般认为，煤是由带有脂肪侧链的大芳香环和稠环所组成的。这些稠环的骨架是由碳元素构成的。因此，碳元素是组成煤的有机高分子的最主要元素。同时，煤中还存在少量的无机碳，主要来自碳酸盐类矿物，如石灰岩和方解石等。碳含量随着煤化度的升高而增加。在中国，泥炭中干燥无灰基的碳含量为55%～62%；成为褐煤后，碳含量增加到60%～76.5%；烟煤的碳含量为77%～92.7%；一直到高变质的无烟煤，碳含量为88.98%，个别煤化度更高的无烟煤，其碳含量多在90%以上。因此，整个成煤过程，也可以说是一个增碳的过程。

（2）煤中的氢

氢是煤中第二个重要的组成元素。除了有机氢外，煤的矿物质中也含有少量无机氢。无机氢主要存在于矿物质的结晶水中，如高岭土（$Al_2O_3 \cdot 2SiO_2 \cdot 2H_2O$）、石膏（$CaSO_4 \cdot 2H_2O$）等都含有结晶水。在煤的整个变质过程中，随着煤化度的加深，氢含量逐渐减少。也就是说，煤化度低的煤的氢含量高，而煤化度高的煤的氢含量低。总体规律是，氢含量随着碳含量的增加而降低，特别是在无烟煤阶段尤为明显。当碳含量从92%增加到98%时，氢含量则从2.1%降到1%以下。通常，当碳含量在80%到86%之间时，氢含量最高，即在烟煤的气煤、气肥煤阶段，氢含量能高达6.5%。在碳含量为65%到80%的褐煤和长焰煤阶段，氢含量大多小于6%，但变化趋势仍是随着碳含量的增大，氢含量减小。

（3）煤中的氧

氧是煤中第三个重要的组成元素。它以有机和无机两种形式存在。有机氧主要存在于含氧官能团中，如羧基（—COOH）、羟基（—OH）和甲氧基（—OCH_3）；无机氧主要存在于煤中的水分、硅酸盐、碳酸盐、硫酸盐和氧化物中。煤中有机氧随着煤化度的加深而减少，甚至趋于消失。当褐煤在干燥无灰基碳含量小于70%时，其氧含量可高达20%以上。当烟煤的碳含量在85%附近时，其氧含量几乎都小于10%。当无烟煤的碳含量在92%以上时，其氧含量降至5%以下。

（三）成煤的必要条件

自然界中煤的分布在时间和空间上都极不均匀。在漫长的地质历史中，只有短暂的几个地质时期形成了具有经济价值的煤，而其他地质时期则没有出现这样的煤，有的地质时期甚至没有发生成煤作用。即便在同一地质时期，有的地区发生了成煤作用，而有的地区则没有发生成煤作用；有的地区形成的煤层较厚，而有的地区形成的煤层较薄。由此可见，成煤作用的发生是受某些条件控制的，这些条件称为成煤的控制因素。成煤的必要条件总结如下：

1. 植物条件

植物是形成煤炭的原始物质。没有大量植物，尤其是高等植物的生长和繁盛，就不可能形成具有经济价值的煤炭。植物的生长经历了从无到有、从少到多、从低级到高级的过程。在地球几十亿年的地质历史中，也只有在近几亿年高等植物大量繁盛后，才可能形成煤。例如，中国的三个主要聚煤期分别与蕨类植物、裸子植物及被子植物的繁盛时期相对应。

2. 气候条件

潮湿、温暖的气候条件是成煤的最有利的条件之一。

在热带、温带和寒带都可以形成泥炭沼泽，但温度的高低会影响植物的生长速度、生长量以及植物群落种类的差异，同时也影响植物遗体的分解速度。在寒冷的气候条件下，由于温度较低，植物生长缓慢，微生物活动极为微弱，植物遗体的分解也较慢；而在高温条件下，虽然植物繁殖和生长较快，但这也促使植物遗体快速分解，阻碍了泥炭的大量堆积。因此，温度过高或过低都不利于泥炭的大量堆积，最有利的气候条件应该是温暖的。

泥炭的积累速度不仅与温度有关，还与沼泽的水覆盖程度有关，而沼泽的水覆盖程度又与湿度有关。当年降水量大于年蒸发量时，才有可能发生成煤作用。

一般认为，与温度相比，湿度对成煤的影响更为重要。无论是在热带、温带还是寒带，只要湿度足够，都有可能发生成煤作用。

3. 地理条件

地理条件指的是成煤的场所。地面上有大量植物死亡后，由于缺乏合适的堆积场所而被氧化分解。因此，要形成分布面积较广的煤层，必须具备适合大面积沼泽化的自然地理条件。

综上所述，植物、气候、地理都是成煤的必要条件，缺一不可。这三个条件同时具备的时间越长，就越有利于成煤。

二、煤的组成、性质与分类

（一）煤的岩石组成及化学组成

1. 煤的显微组分和分类

煤的显微组分，又称煤微成分，是在普通显微镜下可识别的煤的基本成分。显微组分包括镜质体、丝质体、树脂体、角质体、孢粉体、木栓质体、藻类体等。显微组分的鉴定特征通常以低变质煤的显微组分的颜色、反射率、形态、结构、大小和光学特性为依据。随着变质程度的增加，显微组分的化学、物理及工艺技术特性都会发生连续性的变化，总体趋势是各组分之间的差异逐渐缩小。

（1）分类依据

采用成因与工艺性质相结合的原则，以显微镜油浸反射光下的特征为主，结合透射光和荧光特征进行分类。首先，根据煤中有机成分的颜色、反射力、突起、形态和结构特征，划分出显微组分组；然后，再根据细胞结构保存程度、形态、大小以及光性特征的差异，将显微组分组进一步划分为显微组分和显微亚组分。

烟煤的显微组分一般分为镜质组、惰质组和壳质组。褐煤的显微组分分类大体归为三类：腐殖组、惰质组和类脂组。

（2）分类方案

烟煤显微组分的分类方案见表1-1，其中包括3个显微组分组、20个显微组分和12个显微亚组分。

表1-1　烟煤显微组分的分类方案

显微组分组	代号	显微组分	代号	显微亚组分	代号
镜质组	V	结构镜质体	T	结构镜质体1 结构镜质体2	T1 T2
		无结构镜质体	C	均质镜质体 基质镜质体 团块镜质体 胶质镜质体	C1 C2 C3 C4
		碎屑镜质体	Vd	—	
惰质组	I	丝质体	F	火焚丝质体 氧化丝质体	F1 F2
		半丝质体	Sf		
		真菌体	Fu		
		分泌体	Se		
		粗粒体	Ma		
		微粒体	Mi		
		碎屑惰质体	Id		
壳质组	E	孢粉体	Sp	大孢子体 小孢子体	Sp1 Sp2
		角质体	Cu		
		树脂体	Re		
		木栓质体	Sub		
		树皮体	Ba		
		沥青质体	Bt		
		渗出沥青体	Ex		
		荧光体	Fl		
		藻类体	Alg	结构藻类体 层状藻类体	Alg1 Alg2
		碎屑壳质体	Ed		

（3）煤的有机显微组分和无机显微组分

①煤的有机显微组分。根据成因和工艺性质，有机显微组分大致可分为四组：凝胶化组、丝炭化组、稳定组和腐泥化组。

凝胶化组分：凝胶化组分是腐殖煤中最主要的显微组分。它是由植物茎、叶的木质纤维组织经过凝胶化作用形成的。在透射光下，该组分呈透明状，具有橙红色（指低变质程度的煤而言，下同）；在反射光下呈灰色，在油浸反射光下呈白灰色，没有突起。中国大多数煤都以凝胶化组分为主，一般占50%～80%，有些中、新生代煤甚至达到90%。由于凝胶化作用程度的不同，凝胶化组分的结构保存程度也不同，可以分为木煤、本质镜煤、结构镜煤、无结构镜煤，以及凝胶化基质等组分。

丝炭化组分：丝炭化组分是煤中常见的显微组分之一。它是植物的木质纤维组织经过丝炭化作用形成的。在透射光下，该组分呈黑色且不透明；在反射光下，该组分呈现高突起的白色，在油浸反射光下呈现亮白至亮黄白色。丝炭化过程不仅可以直接作用于未经变化的植物遗体，也可以作用于不同凝胶化阶段的产物。因此，在植物细胞结构的保存程度上，与凝胶化产物相对应的显微组分序列包括丝炭、木质镜煤丝炭、镜煤丝炭和丝炭化基质等。

稳定组分：稳定组分是植物中化学性质较为稳定的组成部分，包括木栓层、角质层、树脂体、孢子和花粉等。在泥炭化和煤化作用过程中，它们变化不大。在透射光下，这些组分透明，呈黄色，轮廓清晰，外形独特；在反射光下呈深灰色，大多具有突起，在油浸反射光下呈灰黑色。

腐泥化组分：由藻类等生物遗体在还原环境中经过腐泥化作用转变而成，一般可划分为藻类体和腐泥基质等显微组分。

②煤的无机显微组分。煤中除了有机显微组分外，还有各种矿物质，常见的有黏土矿物、黄铁矿、白铁矿、石膏等。

2. 煤的宏观组分和类型

（1）宏观煤岩成分

宏观煤岩成分是指用肉眼可以区分的煤的基本组成单位，包括：镜煤、亮煤、暗煤和丝炭。

①镜煤。颜色深黑，光泽强，结构均匀，以贝壳状断口和内生裂隙发育为特征。内生裂隙面常具眼球状，有时覆盖方解石或黄铁矿薄膜。性脆，易碎成多面体小块。在显微镜下观察，质地纯净，成分单一，凝胶化组分一般在95%以上。镜煤的挥发分和氢含量高，黏结性强。中变质阶段的镜煤是炼焦的最佳配料之一。煤层中的镜煤常呈凸镜状或条带状，有时以线状存在于亮煤和暗煤之中。

②亮煤：光泽较强，仅次于镜煤，性质较脆，内生裂隙较为发育。均一程度稍逊于镜煤，表面隐约可见细微纹理。在显微镜下观察，其组成较为复杂，但仍以凝胶化组分为主，也含有不等量的稳定组分和丝炭化组分。化学工艺性质介于镜煤和暗煤之间。亮煤在煤中常形成较厚的分层。

③暗煤。颜色暗黑，光泽暗淡，质地致密坚硬，韧性较大，内生裂隙不发育，断口呈不规则状或平坦状，断面粗糙。在显微镜下观察，其组成相当复杂，一般凝胶化组分较少，而稳定组分或丝炭化组分较多，矿物质含量也较高。通常灰分较高，黏结性较差，暗煤常以较厚的分层出现于煤层中，甚至单独成层。

④丝炭。颜色暗黑，具有明显的纤维状结构和丝绢光泽，外观类似木炭，疏松多孔，硬度小，性脆，易染手。丝炭的细胞常被矿物质填充形成矿化丝炭，坚硬致密。在显微镜下观察，其组成比较单一，主要由丝炭化组分构成。丝炭含氢量低，没有黏结性。此外，由于其孔隙度大，吸氧性强，因此容易发生氧化而自燃。煤层中丝炭数量虽然不多，但分布广泛，多呈扁平体或凸镜体。

（2）宏观煤岩类型

宏观煤岩类型是指用肉眼观察时，根据同一变质程度下煤的平均光泽强度、煤岩成分的数量比例及组合情况，划分出的煤的岩石类型，可分为光亮型煤、半亮型煤、半暗型煤和暗淡型煤等四种基本类型。

①光亮型煤。光泽最强，主要由镜煤和亮煤组成。其组成较为均一，条带状结构不明显，内生裂隙发育，质地脆弱，易碎，常具有贝壳状断口。在显微镜下观察，凝胶化组分通常占85%以上。

②半亮型煤。平均光泽强度较光亮型煤稍弱。以亮煤为主，有时与镜煤、暗煤一起组成，也可夹杂丝炭。其最大特点是条带状结构明显，内生裂隙较为发育，常具棱角状或阶梯状断口。在显微镜下观察，凝胶化组分一般在70%～80%左右。半亮型煤是最常见的煤岩类型。

③半暗型煤。光泽较为暗淡，主要由暗煤组成，亮煤次之，也可含有镜煤和丝炭透镜体。硬度、韧性和密度均较大，条带结构明显，内生裂隙不发育。在显微镜下观察，凝胶化组分在40%～60%。

④暗淡型煤。光泽暗淡，主要由暗煤组成，可能夹杂少量镜煤和丝炭。其呈块状构造，致密坚硬，具有较大的韧性和密度，内生裂隙不发育。在显微镜下观察，凝胶化组分小于40%。

宏观煤岩组分和宏观煤岩成分之间的关系如下：

$$烟煤=镜煤+亮煤+暗煤+丝炭$$

$$烟煤=凝胶化组分+稳定组分+丝炭化组分$$

3．煤的化学性质

煤的化学组成非常复杂，但总体可以归纳为有机质和无机质两大类，以有机质为主体。

煤中的有机质主要由碳、氢、氧、氮和有机硫等五种元素组成。其中，碳、氢、氧占有机质的95%以上，还有极少量的磷和其他元素。煤中有机质的元素组成会随着煤化程度的变化而呈现出规律性变化。一般来说，煤化程度越深，碳的含量越高，而氢和氧的含量越低，氮的含量也稍有降低。

煤中的无机质主要包括水分和矿物质，它们的存在降低了煤的质量和利用价值，其中绝大多数为煤中的有害成分。

通过元素分析可以了解煤的化学组成及其含量，而通过工业分析可以初步了解煤的性质，从而大致判断煤的种类和用途。煤的工业分析包括水分、灰分、挥发分的测定以及固定碳的计算这四项内容。

（1）水分

煤的水分是煤炭计价中的一个辅助指标，指的是单位质量的煤中水的含量。煤中的水分可以分为外在水分、内在水分和结晶水三种存在状态。一般情况下，以煤的内在水分作为评定煤质的指标。煤化程度越低，煤的内部表面积越大，水分含量也越高。水分对煤的加工利用是有害的。

（2）灰分

灰分是指煤在规定条件下完全燃烧后剩下的固体残渣。它是煤中的矿物质经过氧化、分解而形成的。灰分对煤的加工和利用极为不利，灰分越高，热效率越低；燃烧时，熔化的灰分还会在炉内结成炉渣，影响煤的气化和燃烧，同时造成排渣困难。在炼焦过程中，灰分会全部转入焦炭，降低焦炭的强度，严重影响焦炭的质量。

（3）挥发分

挥发分是指煤中的有机物质在受热分解时产生的可燃性气体。它是对煤进行分类的主要指标，并被用来初步确定煤的加工利用性质。煤的挥发分产率与煤化程度密切相关，煤化程度越低，挥发分越高；随着煤化程度的加深，挥发分逐渐降低。

（4）固定碳

测定煤的挥发分时，剩下的不挥发物称为焦砟。焦砟减去灰分称为固定碳，它是煤中不挥发的固体可燃物，可以通过计算方法得出。焦砟的外观与煤中有机质的性质有密切关系。因此，根据焦砟的外观特征，可以定性地判断煤的黏结性和工业用途。

（二）煤的物理性质与工艺性质

1. 煤的物理性质

煤的物理性质是煤的特定化学组成和分子结构的外部表现。这些性质由成煤的原始物质及其聚集条件、转化过程、煤化程度和风（氧）化程度等因素所决定，包括颜色、光泽、粉色、密度和容重、硬度、脆性、断口及导电性等。其中，除了密度和导电性需要在实验室中测定外，其他性质可以通过肉眼观察确定。煤的物理性质可以作为初步评价煤质的依据，并用于研究煤的成因、变质机理以及解决煤层对比等地质问题。

（1）颜色

颜色是指新鲜煤表面的自然色彩，是煤对不同波长光波吸收的结果。一般呈现褐色至黑色，随着煤化程度的提高而逐渐加深。褐煤、烟煤和无烟煤的颜色通常遵循以下规律：

①褐煤通常为褐色、褐黑色。

②低中煤化程度的烟煤为黑色。

③高煤化程度的烟煤呈黑色略带灰色，无烟煤通常为灰黑色，并带有铜黄色或银白色的光泽。

（2）光泽

光泽是指煤的表面在普通光线下的反光能力。一般呈现沥青、玻璃和金刚光泽，煤化程度越高，光泽越强；矿物质含量越多，光泽越暗；风化（氧化）

程度越深，光泽越暗，直至完全消失。镜煤的光泽最强，亮煤次之，暗煤和丝炭的光泽较为暗淡。

（3）粉色

粉色指的是煤研成粉末后的颜色，或煤在抹上釉的瓷板上刻画时留下的痕迹，所以又称为条痕色。煤的粉色一般略浅于表色。粉色较为固定，用粉色判断煤的煤化程度效果较好。随着煤的变质程度提高，煤的粉色由浅到深依次为：浅褐→深褐→褐黑→黑色。褐煤的粉色为浅褐色或褐色，低煤级烟煤为深褐色到黑褐色，中煤级烟煤为褐黑色，高煤级烟煤为黑色，有时略带褐色，无烟煤为黑色或灰黑色。煤的粉色不仅取决于煤化程度，还与煤岩类型和风（氧）化程度有关，一般应以新鲜的较纯净的光亮型煤的粉色为准。

（4）密度和容重

煤的密度是不包括孔隙在内的某一定体积的煤的质量与同温度、同体积的水的质量之比。煤的容重，又称煤的体重或假比重，是包括孔隙在内的某一定体积的煤的质量与同温度、同体积的水的质量之比。煤的容重是计算煤层储量的重要指标。褐煤的容重一般为1.05～1.2，烟煤为1.2～1.4，无烟煤的变化范围较大，为1.35～1.8。煤岩组成、煤化程度、煤中矿物质的成分和含量是影响密度和容重的主要因素。在矿物质含量相同的情况下，煤的密度会随着煤化程度的加深而增大。

（5）硬度

硬度是指煤抵抗外来机械力作用的能力。根据外来机械力作用方式的不同，可进一步将煤的硬度分为刻划硬度、压痕硬度和抗磨硬度三类。煤的硬度与煤化程度有关，褐煤和焦煤的硬度最小，约为2～2.5；无烟煤的硬度最大，接近4。

（6）脆度

脆度是指煤在受到外力作用时破碎的程度。成煤的原始物质、煤岩成分以及煤化程度等因素都会对煤的脆度产生影响。在不同变质程度的煤中，长焰煤和气煤的脆度较小，而肥煤、焦煤和瘦煤的脆度最大，无烟煤的脆度则最小。

（7）断口

断口是指煤在受到外力打击后形成的断面形状。在煤中常见的断口有贝壳状断口、参差状断口、棱角状断口和粒状断口等。由于煤的原始物质组成和煤化程度不同，断口形状也各不相同。

（8）导电性

导电性指煤传导电流的能力，通常以电阻率表示。煤的导电性与煤化程度密切相关。褐煤由于孔隙度大，电阻率较低；烟煤是不良导体，在从褐煤向烟煤过渡时，电阻率显著增加；但在瘦煤阶段，电阻率又开始降低，而在无烟煤阶段则急剧降低，因此无烟煤具有良好的导电性。一般来说，烟煤的电阻率随着灰分的增加而降低，而无烟煤则相反，电阻率随着灰分的增加而增高。如果煤层中含有大量黄铁矿，也会使无烟煤的电阻率降低。在各种煤岩组分中，镜煤的电阻率比丝煤高。氧化煤的电阻率明显下降。

2. 煤的结构和构造

（1）煤的结构

煤的结构指的是煤岩成分的形态、大小、厚度、植物组织残迹，以及它们之间相互关系所表现出的特征。煤的结构反映了成煤原始物质的成分、性质及其在成煤过程中和成煤后的变化。

①原生结构。煤的原生结构是指由成煤原始物质及成煤环境所形成的结构，常见的原生结构有以下八种：

条带状结构：煤岩成分呈条带状相互交替出现，根据条带的宽窄，可分为宽条带状结构（条带宽大于5毫米）、中条带状结构（条带宽3～5毫米）和细条带状结构（条带宽1～3毫米）。条带状结构在烟煤的半亮型煤和半暗型煤中最为常见，而在年轻褐煤和无烟煤中不明显。

线理状结构：指镜煤、丝炭、黏土矿物等以厚度小于1毫米的线理断续分布于煤中，形成线理状结构。根据线理之间交替的距离，又可分为密集线理状结构和稀疏线理状结构。

凸镜状结构：指由镜煤、丝炭、黏土矿物、黄铁矿等组成的结构，常以大小不等的凸镜体形式散布于煤中，构成凸镜状结构。该结构在半暗型煤和暗淡型煤中常见，有时在光亮型煤中也可见到。

均一状结构：指组成成分较为单一、均匀，形成均一的结构。例如，腐泥煤和腐殖腐泥煤等，都具有均一状结构。光亮型煤和暗淡型煤有时也会表现出均一状结构。

粒状结构：由于煤中散布着大量的孢子或矿物杂质，使煤呈现出粒状结构。

叶片状结构：煤中含有大量的木栓层或角质层，使煤呈现纤细的肌理，如叶片状、纸片状等。煤易被分成薄片，角质残植煤和树皮残植煤均具有叶片状结构。

木质状结构：煤中保存了植物茎部木质纤维组织的痕迹，植物茎干的形态清晰可辨，称为木质状结构。褐煤中常可见木质状结构，有些低煤阶烟煤中也可见。例如，中国山西繁峙的褐煤中保存有良好的木质状结构，因此被称为"紫皮炭"。

纤维状结构：这是丝炭所特有的现象，是植物根茎组织经过丝炭化作用形成的。在煤层的丝炭层面上可以观察到，植物原生的细胞结构沿一个方向延伸，呈现出纤维状，并且疏松多孔。

②次生结构。煤的次生结构是指煤层形成后受到应力作用而产生的各种次生的宏观结构。

碎裂结构：煤被密集的次生裂隙相互交切成碎块，但碎块之间基本没有位移，可以看到煤层的层理。碎裂结构通常位于断裂带的边缘。

碎粒结构：煤被破碎成粒状，主要粒级大于1毫米。大部分煤粒由于相互位移摩擦失去棱角，煤的层理被破坏，碎粒结构往往位于断裂带的中心部位。

糜棱结构：煤被破碎成非常细的粉末，主要粒级小于1毫米。有时被重新压紧，已经看不到煤层的层理和节理，煤容易捻成粉末。糜棱结构一般出现在压应力很大的断裂带中。

（2）煤的构造

煤的构造是指煤岩成分在空间上的排列和分布所表现出的特征。它与煤岩成分自身的特征（如形态、大小等）无关，而与成煤原始物质聚积时的环境有关。

①煤的原生构造。煤的原生构造分为层状构造和块状构造。

层状构造：在煤层的垂直方向上可以观察到明显的不均一性，这主要是由组成成分的差异引起的，可能是煤岩成分的变化，或者是由于含有无机矿物夹层所导致的，这种现象表现为层理。

块状构造：煤的外观均匀，看不到层理。主要是由于成煤物质相对均匀，在沉积环境稳定且滞水的条件下形成的。腐泥煤、腐殖腐泥煤及一些暗淡型腐殖煤具有块状构造。

②煤的次生构造。由于构造变动，煤会产生次生构造，如滑动镜面、鳞片状构造、揉皱构造等。

3. 煤的工艺性质

煤的工艺性质主要包括：黏结性和结焦性、发热量、化学反应性、热稳定性、透光率、机械强度和可选性等。

（1）黏结性和结焦性

黏结性是指煤在干馏过程中，由于煤中有机质的分解和熔融，使煤粒能够相互黏结成块的性能。结焦性是指煤在干馏时能够结成焦炭的性能。煤的黏结性是结焦性的必要条件，结焦性好的煤必须具有良好的黏结性，但黏结性好的煤不一定能单独炼出质量优良的焦炭。

（2）发热量

它是评价煤炭质量，尤其是评价动力用煤的重要指标。

（3）化学反应性

化学反应性又称活性，是指煤在一定温度下与二氧化碳、氧气和水蒸气相互作用的反应能力。它是评价气化用煤和动力用煤的一项重要指标。

（4）热稳定性

热稳定性又称耐热性，是指煤在高温作用下保持原有粒度的性能，它是评价气化用煤和动力用煤的另一项重要指标。

（5）透光率

透光率是指低煤化程度的煤（如褐煤、长焰煤等），在规定条件下用硝酸与磷酸的混合液处理后，所得溶液对光的透过率。

（6）机械强度

机械强度是指块煤受外力作用而破碎的难易程度。

（7）可选性

可选性是指煤通过洗选，除去其中的夹矸和矿物质的难易程度。

第二章　煤炭资源开发与矿区资源环境

第一节　煤炭资源开发

一、煤利用衍生物的开发与利用技术

（一）粉煤灰的加工与利用技术

1. 粉煤灰的矿物组成、结构与性质

（1）粉煤灰的资源特征

粉煤灰是火力发电厂产生的工业固体废弃物，其排放不仅导致土地、水体及大气等环境污染和生态破坏，还浪费了作为硅酸盐材料的宝贵资源。因此，迫切需要开发高附加值产品并加以高效利用，以促进中国节约型循环经济的发展。如果不加大对粉煤灰综合利用的研究和处理力度，将对能源生产、资源综合利用和环境保护带来不可估量的后果。

火力发电厂粉煤灰的产生量约占电厂废渣总量的80%～95%，粉煤灰的日积月累已明显成为一种公害。随着电力工业的发展，这一矛盾将愈加突出。若能将粉煤灰视作一种资源，并进行综合利用，使其资源化，就可以变废为宝，有利于环境、经济与社会的协调发展。近年来，粉煤灰及其他工业废料的资源化，已成为中国可持续发展战略决策的重要组成部分。

（2）粉煤灰的化学组成

煤是由有机物和无机物共同组成的。有机物可以分为挥发分和固定碳两种，主要成分是碳、氢和氧。无机物的主要成分是高岭石、方解石和黄铁矿。无机物燃烧后形成灰渣，其主要成分是硅、铝、铁的氧化物，以及一定量的钙、镁、硫的氧化物。

粉煤灰的化学成分是其应用的基础。电厂通常将烧失量作为燃烧是否完全的标志。商品粉煤灰厂及工程应用部门则将化学成分作为粉煤灰品质分类和分级的依据之一。

化学组成是粉煤灰的重要特性之一，它对于粉煤灰的性能有着重要的影响。

一般认为，粉煤灰是由不同微粒组成的集合体，这些微粒具有不同的成分、结构和形态。可以将其分为三类六种。粉煤灰可分为三类：球形粒子、多孔粒子和不规则粒子。六种具体分类为：球形粒子可分为富钙玻璃珠和富铁玻璃珠；多孔粒子可分为多孔碳粒和富硅钼玻璃珠；不规则粒子可分为玻璃碎片和原始石英等晶体碎片。

粉煤灰是固体物质的细分散相，颜色呈灰白色至黑色。在粉煤灰的形成过程中，由于表面张力作用，粉煤灰颗粒大部分为空心微珠；微珠表面凹凸不平，极不均匀，微孔较小；一部分因在熔融状态下互相碰撞而连接，成为表面粗糙、棱角较多的蜂窝状粒子，颗粒粒径集中在 $10 \sim 1000 \mu m$，颗粒容重 $2.1 \sim 2.4 g/cm^3$，比表面积 $0.16 \sim 0.35 m^2/g$。学者们将颗粒容重 $0.8 \sim 2.0 g/cm^3$、薄壁状、有较少阳离子改性剂构成的粉煤灰玻璃体称为 I 型玻璃体；将颗粒容重 $> 2.5 g/cm^3$，有较多改性剂构成的粉煤灰玻璃体称为 II 型玻璃体。学者们用 HCl 溶解粉煤灰中的玻璃体（非晶体铝硅酸盐），然后进行分析，更加明确地将粉煤灰中 I 和 II 型玻璃体定义为：I 型玻璃体为铝硅酸盐玻璃体，具有较低的改性剂含量（$CaO+MgO+Na_2O+K_2O \approx 8\%$），通常出现在低容重粉煤灰颗粒中；II 型玻璃体为铝硅酸钙玻璃体，具有较高的改性剂含量（$CaO+MgO+Na_2O+K_2O \approx 27\%$），主要出现在高容重、小尺寸粉煤灰颗粒中。

（3）粉煤灰的工艺矿物学性质

粉煤灰是一种典型的硅铝质火山灰材料，其中的玻璃体是由于煤粉灰在高温燃烧后迅速淬灭，以及 Si—O 网架的阳离子改性和同晶形替换而导致的结构无序。这种结构的无序程度可通过 X 射线衍射方法进行推断。图2-1展示了晶体和玻璃体氧化硅的XRD图谱。结晶态的 SiO_2（方石英）表现出尖锐的衍射峰，这被认为是长程有序的表现。另一方面，玻璃态的 SiO_2 在方石英的衍射峰（I/100=4.15A）附近表现为非常宽的衍射图谱，这种宽大的衍射图谱表明长程有序性的丧失。

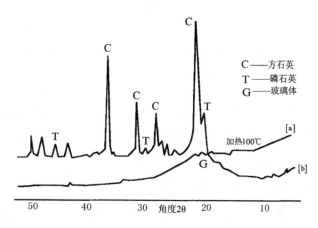

[a]：晶体氧化硅；[b]：玻璃体氧化硅

图2-1　晶态和玻璃态硅酸盐XRD图谱

重庆大学材料科学与工程学科教授钱觉时等人认为：所有粉煤灰的XRD图谱在22°～35°（max Cu Ká）的区域出现比较宽大的特征衍射峰，这表明有玻璃体存在。特征衍射峰的强度及2θ max位置是变化的，低级别的粉煤灰的特征衍射峰位置的2θ max更高，并且形状上表现出明显的不对称。从图2-1中可以看出，该粉煤灰在22°～35°的区域内确实出现比较宽大的特征衍射峰，与钱觉时的试验结论完全一致，且粉煤灰中既含有晶体SiO_2，又含有玻璃态物质。

粉煤灰由少部分结晶物质、一部分非结晶物质和石英成分组成。通过对粉煤灰的X光衍射分析得出：粉煤灰的主要成分是玻璃质，其次为莫来石和石英等。粉煤灰是由各种形状的颗粒组成的混合物，其中实心和空心圆形小球占很大比例；颗粒以非晶质的玻璃质体为主，主要由一种粒状球形玻璃质组成。

许多熔融液体在急剧冷却形成固体时，原子不能达到晶体所需的有序程度，这种状态称为非晶态。玻璃相是非晶态的一种特殊形式。

在硅和硅铝系统中，结构的无序可从三个影响因素来考虑：

①由于迅速湮灭的无序。

②由于网架的同晶形替换的无序。

③由于阳离子改性的无序。

（4）粉煤灰的主要性状和技术特征

①粉煤灰的红外光谱表征。采用红外光谱来研究玻璃体结构是非常有效的，因为原子间距离和角度的变化引起的无序，会导致红外光谱带变宽。这与XRD有些类似，但红外光谱不仅提供长程有序状态的信息，还能揭示短程（原子间）有序状态。光谱的特征带会随粉煤灰的来源而变化，较宽的光谱带集中在1000cm^{-1}附近，可能是由于铝硅酸盐的不对称振动频率（Si-O-Si或Si-O-Al）引起的。其他特征光谱带为：450～520cm^{-1}为（O-Si-O），700～800cm^{-1}为（Si-O-Si），以及1630cm^{-1}为（H-O-H）。

尽管红外光谱提供的是整体的图像，但根据这些图像可以进行一些推断。（Si-O-Si）带的频率表示铝硅酸盐网络的聚合程度，通常频率越低，聚合程度也越低，即网络的连通性较低。

②粉煤灰的电镜表征。粉煤灰主要由球形玻璃微珠、多孔块状物和不规则块状颗粒组成。球形玻璃微珠表面光滑，呈球形，颗粒大小不等，大部分粒径在5～10μm。这些微珠又分为漂珠和沉珠。大多数漂珠是空心的，其内或多或少包裹着更细小的玻璃微珠，外表呈熔渣状，并有少量气孔。多孔块状物主要含硅、铝，属于高岭岩和石英的混合物。不规则块状颗粒表面凹凸不平，主要是高岭石、石英、硅酸盐及金属氧化物的混合物。此外，粉煤灰有明显的聚团现象。

无论是大颗粒还是小颗粒，球形颗粒的表面均凹凸不平，大颗粒上附着着小颗粒，凸起部分与球体之间存在空隙。凸起部分实际上是直径更小的小颗粒，有些直径小至约10nm。在小凸起处的表面也存在小孔。可能正是由于这些凹凸不平的表面特性、凸起部分与球体间的空隙以及凸起部分表面的小孔，为粉煤灰的强吸附特性提供了物质基础。

2. 粉煤灰的加工

（1）粉煤灰的选矿技术

粉煤灰加工工艺技术研究的总体技术路线如图2-2所示，粉煤灰的各个组成部分的性质及应用领域如表2-1所示。

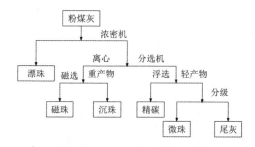

图2-2　粉煤灰加工工艺技术研究的总体技术路线

表2-1　粉煤灰的各个组成部分的性质及应用领域

产品	性质	应用
精碳	精碳为黑色，不规则粒状，粒度细，呈多孔海绵状，具有表面积大、固定碳含量高以及一定吸附能力等特点。	A.作燃料； B.作碳素制品的主要原料； C.用于制造煤基活性炭的原料，在工业水处理中作为吸附剂； D.精碳粉作铸造型砂掺和料和电炉冶炼铁合金的碳球还原剂。
漂珠、微珠	属硅铝玻璃体，质优者呈白色或银白色光泽，其SiO_2含量可达60%左右，Al_2O_3含量达25%左右。这是一种质轻、中空、表面光滑的微颗粒材料，具有耐高温、耐腐蚀、耐磨、绝缘和热稳定性能良好的特点。	A.用作塑料制品填充料； B.橡胶填充材料； C.建筑防火涂料； D.耐磨材料； E.电器绝缘填充材料。
磁珠（铁粉）	全铁含量可达50%～60%，颜色呈黑色，比重较大，有磁性。	可作为水泥、炼铁配料和特殊橡胶制品填料；重介质选煤的介质。
沉珠	沉珠比重较大，在整个粉煤灰中含量较高，其主要化学成分的特点是高钙低铁，颜色为乳白色或灰白色。	可作高强度水泥掺和料或磨料。
尾灰（脱碳、脱铁和粉煤灰）	有益成分。活性铝硅酸盐矿物。具有高灰分、粒度细、可燃物含量低、硅铝含量高、玻璃体含量较多、活性好等特点。	A.有用成分利用及深加工产品生产； B.有用元素提取； C.作加气混凝土砌块，作框架结构建筑的填充材料和屋面板材； D.作砌筑砂浆掺和料，节约水泥； E.作混凝土空心砌块； F.用于建筑回填和筑路工程。
综合利用产品开发研究	有益成分。活性铝硅酸盐矿物。	A.有用成分利用及深加工产品生产； B.有用元素提取及产品研究（Al_2O_3、SiO_2、白炭黑）。
相关技术研究	混凝土外加剂。	粉煤灰加工利用基础理论来研究矿物组成、结构、表面性质。

降低粉煤灰中碳含量的技术措施有两种：一是在排灰前降低碳的含量，即对锅炉进行改造，使煤炭能够充分燃烧；二是在高碳粉煤灰排出后，采用一定的工艺和方法，将粉煤灰中的碳除掉一部分。

粉煤灰脱碳的主要方法分为干法和湿法，也称为化学方法和物理方法。干法主要包括燃烧法、电选法和流态化方法等；湿法主要指的是浮选法。

（2）粉煤灰中有益元素（C、Al、K等）的提取技术

粉煤灰中含有许多有用的物质，可以回收利用。20世纪90年代，美国学者通过实验发现，粉煤灰中所含的铁有90%可以被回收利用。此后，科学家们采用各种方法成功地从粉煤灰中提取出铬、镓、钒、镍等高价值的有用物质。此外，科学家们还对粉煤灰进行化学处理，从中提取出SiO_2和Al_2O_3。其中，氧化铝的含量一般可达到20%~35%，最高可达约50%，可代替铝成为一种很好的氧化铝资源。

粉煤灰硅铝铁合金冶炼技术是在高温下用碳将粉煤灰中的SiO_2、Al_2O_3、Fe_2O_3等氧化物的氧去除，并除去杂质，制成硅、铝、铁三元合金或硅、铝、铁、钡四元合金。该技术可以作为热法炼镁的还原剂和炼钢的脱氧剂。利用这种技术，粉煤灰的利用率高、成本低、市场广阔，可显著提高金属镁的纯度和钢的质量。

3. 粉煤灰的开发与利用

（1）粉煤灰制备建筑材料

粉煤灰代替黏土作为水泥原料是因为粉煤灰的主要化学成分与黏土相似，所以可以用它代替黏土配制水泥生料。实践表明，粉煤灰水泥的强度（尤其是早期强度）会随着粉煤灰掺加量的增加而降低。当粉煤灰掺加量小于25%时，强度下降幅度较小；当粉煤灰掺加量超过30%时，强度下降幅度增大，但后期强度却增长较快，6个月后可以超过硅酸盐水泥的强度。

水泥工业采用粉煤灰作为配料的优点之一是可以利用其中的未燃尽碳。经验表明，采用粉煤灰代替黏土作为水泥原料，可以增加水泥窑的产量，并降低燃料消耗量的16%~17%。

此外，粉煤灰水泥具有如下特性：

①干缩率比掺加其他类型火山质混合材料的水泥要小。

②有较好的抗裂性能。

③有较好的抗淡水和硫酸盐的腐蚀能力。

（2）粉煤灰作建筑工程材料

将粉煤灰作为新型胶凝材料是其最早的利用途径之一，目前在这方面已取得较大进展，开发了各种无熟料粉煤灰胶凝材料。通过各种预处理活化工艺，这种新型胶凝材料已在砌筑水泥和农用建房水泥方面得到了实际应用。利用氟石膏与粉煤灰掺加少量水泥（少于20%）可以制备氟石膏粉煤灰胶凝材料。粉煤灰与烟气脱硫渣在消石灰的作用下也表现出良好的胶凝能力，可用作路面材料。粉煤灰建筑制品仍然是粉煤灰利用的重要方向之一。将磨细的粉煤灰掺加部分普通硅酸盐水泥和部分炉渣或煤渣，可以制备粉煤灰空心砌块。采用普通硅酸盐水泥代替消石灰，并利用加压成型等技术，通过蒸汽养护和增压养护，可以成倍提高粉煤灰硅钙板的抗折强度。这种新型粉煤灰硅钙板可以作为隔断墙体材料使用。粉煤灰发泡保温材料是近年来研究开发较为成功的一种新型无机发泡材料，可以在常温常压下发泡成为轻质保温材料，应用前景十分广阔。直接利用粉煤灰生产隔热耐火砖是一种有益的探索，这种隔热耐火砖可作为中高温隔热耐火材料使用。矿棉吸音板是以粉煤灰为主要原料，通过高温熔化、离心吹制、抄取成型所生产的优质防火吸音板，也是粉煤灰资源化利用的一种有益尝试。

粉煤灰作为建筑工程的基本材料，旨在节约水泥，降低生产成本和工程造价；提高混凝土的后期强度及其抗渗性和抗化学侵蚀能力；改善混凝土的和易性，便于泵送、浇筑和振捣；抑制碱–骨料反应的不良影响；降低水泥水化热，抑制温度裂缝的发生与发展；与水泥中的游离氧化钙反应，提高水泥的安定性。

（二）煤气的开发与利用

1. 煤气的开发与利用概述

作为新型煤化工的重要技术单元，大型先进的煤炭气化技术及其气化产品的进一步合成利用，将成为未来发展的主要方向。煤炭气化技术广泛应用于以下领域：

①作为工业燃气，采用常压固定床气化炉、硫化床气化炉制得。主要用于

钢铁、机械、卫生、建材、轻纺、食品等行业，用来加热各种炉、窑，或直接加热产品或半成品。

②作为民用煤气，除焦炉煤气外，还可以通过直接气化获得，其中采用鲁奇炉较为合适。与直接燃煤相比，民用煤气不仅可以显著提高用煤效率、减轻环境污染，而且能够极大地方便人民生活，具有良好的社会效益和环保效益。

③作为化工合成和燃料油合成的原料气，以煤炭气化制取合成气，进而直接合成各种化学品的路线已经成为现代煤化工的基础。主要产品有合成氨、合成甲烷、合成甲醇、醋酐、二甲醚以及合成液体颜料等。

2. 焦炉煤气的合理利用

炼焦产生的煤气含有大量的H_2、CO、CH_4等可燃气体，俗称焦炉煤气。焦炉煤气可以用作燃料，如作为城市燃气、发电，还可以作为化工原料，如用于合成氨、甲醇等，甚至可以直接用于还原铁，或用于合成油。只要能够加以综合利用，焦炉煤气的经济价值可达数百亿元。

焦炉煤气的利用途径：

（1）焦炉煤气作为燃料

焦炉煤气的传统利用方式主要用作燃料，作为不同加热设备的气体燃料，焦炉煤气已有近百年的历史。与固体燃料相比，焦炉煤气输送便捷、燃烧迅速，受到工业和民用的青睐，也可以作为城市燃气供居民使用。然而，由于焦炉煤气含有H_2S、HCN、NH_3等有害物质，在民用燃烧过程中会产生大量污染物。因此，随着城市天然气工程的发展，天然气因其热值高、安全性好，正逐渐取代煤气成为居民用气的首选。焦炉煤气作为燃料的发展空间因此越来越小，从长远考虑。

（2）焦炉煤气发电

当天然气替代焦炉煤气时，一些独立的民用煤气焦化厂可能需要将焦炉煤气放散或用于自身加热，以维持焦炉的正常生产。通过利用焦炉煤气发电，可以回收热能，减少气体放散对大气和环境的污染。焦化厂利用多余的焦炉煤气进行发电，所产生的电力不仅可以自用，还可以并入电网出售。这不仅满足了自身的生产需求，也充分利用了这些本可能被浪费的焦炉煤气，经济效益相当可观。根据企业的实际情况，焦炉煤气发电可以采用以下两种方式：

①燃气与蒸汽热电冷联合循环实现联产。由于焦化厂热负荷存在较大波动，仅仅依靠热电联产的经济性并不高。通过将蒸汽轮机的抽气或排气送入溴化锂吸收式制冷机组进行集中制冷，从而实现热电冷联供。这样在冬季采暖、夏季制冷的过程中，可以使电站的热负荷相对稳定，提高机组的经济性。

焦炉煤气送入燃气轮机发电，在燃气轮机中做功后的排气带动余热锅炉运行，余热锅炉产生的蒸汽驱动一台中温中压的抽凝式汽轮机机组发电。蒸汽轮机的排汽或抽汽用于溴化锂吸收式制冷机组进行集中制冷，从而实现能量的梯级利用，整个系统的效率可以达到80%以上。同时，燃气—蒸汽热电冷联合循环的方式也符合中国分布式能源系统的发展趋势。

②生产甲醇。由于焦炉煤气中CH_4的含量为26%～28%，正好在天然气生产甲醇的第一段炉出口的CH_4含量范围内。因此，利用焦炉煤气制甲醇可以省去天然气制甲醇工艺的第一段炉，直接进入第二段炉进行转化，这样大大减少了建设投资。

3. 煤炭气化的利用

气化炉和焦炉生产出的粗煤气中或多或少含有各种硫化物，这些硫化物按其化合状态可分为两类：一类是硫的无机化合物，主要是硫化氢（H_2S）；另一类是硫的有机化合物，如二硫化碳（CS_2）、硫氧化碳（COS）、硫醇（C_2H_5SH）和噻吩（C_4H_4S）等。有机硫化物在较高温度下进行转化时，几乎全部转化为硫化氢。因此，煤气中硫化氢所含的硫约占煤气中硫总量的90%以上。硫化氢及其燃烧产物二氧化硫（SO_2）对人体均有毒性，如果空气中含有0.1%的硫化氢就能致命。煤气中硫化氢的存在会严重腐蚀输气管和设备，其腐蚀程度将随煤气中硫化氢的分压增高而加剧。

将煤气用作各种化工合成原料气时，硫化物往往会导致变换催化剂和合成催化剂中毒。因此，必须对煤气进行脱硫，脱硫后的煤气可用于合成许多重要的化工原料和燃料。

（1）煤气的甲烷化

煤气的甲烷化工艺在国外主要用于生产代用天然气（SNG）。其生产方法有以下两种：

其一，以轻烃混合物作为原料，经催化蒸汽裂解生成合成气，再将合成气中的一氧化碳和氢气转化成甲烷；

其二，通过煤气化生产气化煤气，脱除二氧化碳和硫化氢，然后将一氧化碳与氢气合成甲烷。在城市煤气净化过程中，将一氧化碳转化为甲烷，不仅可以消除一氧化碳的毒性，还可以提高煤气的热值。

①基本原理：

一氧化碳和氢反应的基本方程是：

$$CO+3H_2 \rightarrow CH_4+H_2O$$

反应生成的水与一氧化碳发生作用：

$$CO+H_2O \rightarrow CO_2+H_2$$

二氧化碳与氢作用：

$$CO_2+4H_2 \rightarrow CH_4+2H_2O$$

②生产工艺流程：

在不同的制气工厂中，对甲烷化工艺的要求各不相同。为了满足多种用途的需求，研究和开发了多种甲烷化工艺。

固定床催化剂多段绝热反应器的甲烷化反应流程如图2-3所示。该流程要求原料气（H_2）$/n$（CO）的比值为3：1左右。在进行甲烷化之前，通常要脱除原料气中的一部分一氧化碳。

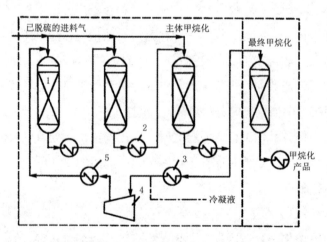

1：反应器；2：废热交换器；3：循环气冷却器；
4：压缩机；5：加热器

图2-3　固定床催化剂多段绝热反应器的甲烷化反应流程

经脱硫处理的原料气通过多个甲烷化反应器1，首先进入温度约为500℃的第一个反应器，随后温度逐渐降低，最后一个反应器的温度为250℃。在每个甲烷化反应器之间设有废热交换器2，可以有效地回收热量以生产高压蒸汽。

在上述流程中，在最终甲烷化反应器之前取出部分气体作为循环气体。此循环气体经过冷却器3冷却，再经过压缩机4加压后通入原料气中，作为吸热载体来限制反应温度，防止反应器内碳的沉积。如果原料气中的氢含量不足，则应先在原料气中添加水蒸气，以使调整后的原料气中的氢含量达到要求。

在催化剂床层内没有内部冷却装置，而是采用绝热操作。由于使用废热交换器，本流程获得了较高的整体热效率，且安全可靠，操作方便。

液相甲烷反应工艺流程是为了在液相条件下进行强放热的甲烷化反应，以改善传热过程。片状镍催化剂浸没在轻油中。当合成气通入反应器2时，催化剂床层发生膨胀，气速的快慢取决于气体、催化剂和有机液体的密度。此时，轻油被引入外部热交换器1进行冷却。反应后的气体通过热交换器3，并在冷却器4中去除反应过程中蒸发出来的有机组分，之后循环使用，还可去除水分。经过二氧化碳脱除后，即可获得代用天然气。该工艺流程具有良好的选择性和较大的灵活性，其工艺流程如图2-4所示。

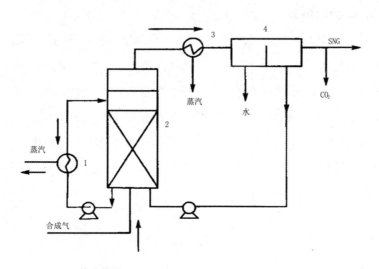

1：热交换器；2：反应器；3：热交换器；4：冷却器

图2-4　液相甲烷反应工艺流程

（2）煤制甲醇

①甲醇的生产原理：由合成气合成甲醇是一个可逆平衡反应，其基本反应式如下：

$$CO+2H_2 \rightarrow CH_3OH$$

当反应物中有CO_2存在时，还能发生下述反应：

$$CO_2+3H_2 \rightarrow CH_3OH+H_2O$$

一氧化碳加氢反应除了生成甲醇之外，还发生下述副反应：

$$2CO+4H_2 \rightarrow (CH_3)_2O+H_2O$$

$$CO+3H_2 \rightarrow CH_4+H_2O$$

$$4CO+8H_2 \rightarrow C_4H_9OH+3H_2O$$

$$CO_2+4H_2 \rightarrow CH_4+2H_2O$$

$$2CO \rightarrow CO_2+C$$

此外，还可能生成少量的高级醇和微量的醛、酮、酯等副产物，也可能形成少量的$Fe(CO)_5$。

②甲醇合成的典型工艺流程：

ICI低压甲醇合成：生产工艺流程图见图2-5。合成甲醇的原料为煤炭或天然气，经过造气过程制得合成气。合成气被压缩至5.0MPa或10MPa的压力，与循环气以1∶5的比例混合后进入反应器，在Cu—Zn—Al氧化物催化剂床层中进行合成甲醇反应。由反应器出来的反应气体中含有4%至7%的甲醇。经过换热器换热后，气体进入水冷凝器，使产物甲醇冷凝。随后，液态甲醇在气液分离器中被分离出来，得到液态粗甲醇。粗甲醇进入轻馏分闪蒸塔，压力降至约0.35MPa，塔顶脱出轻馏分气体，塔底粗甲醇送去精制。在分离器中分出的气体中仍含有大量未反应的CO和H_2。为保持系统惰性气体在一定范围内，部分气体排出系统可作燃料，其余气体与新合成气混合后，用循环压缩机增压，再次进入合成反应器。

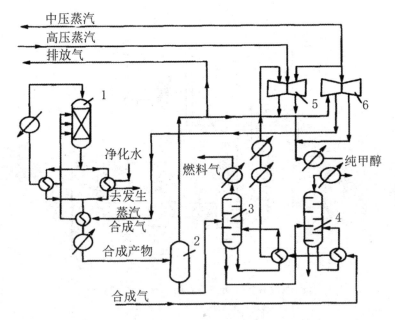

1：合成反应塔；2：分离器；3：轻馏塔；4：甲醇塔；
5：压缩机；6：循环压缩机

图2-5　ICI低压甲醇合成生产工艺流程图

在粗甲醇中主要含有两类杂质：一类是溶于其中的气体和易挥发的轻组分，如H_2、CO、CO_2气体，二甲醚，乙醛，丙酮和甲酸甲酯等；另一类是难挥发的重组分，如乙醇、高级醇和水分等。因此，可通过脱去轻馏分和脱去重馏分的两类塔实现甲醇精制。

Lurgi低压甲醇合成生产工艺流程见图2-6，是典型的两塔流程。使用Cu—Zn—Mn或Cu—Zn—Mn—V、Cu—Zn—Al—V氧化物催化剂。合成塔出来的产物经气液分离器后，液体产物进入轻馏分塔，塔顶脱出燃料气，塔底产物送到甲醇塔精馏，塔顶得到纯甲醇，塔底为废水。一般轻馏分塔为40~50块塔板，甲醇塔板数为60~70块。

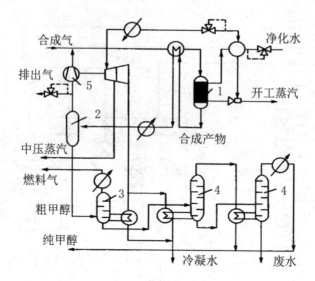

1：反应器；2：分离器；3：低沸点化合物；
4：甲醇精馏塔；5：压缩机

图2-6 Lurgi低压甲醇合成生产工艺流程图

二、煤基材料的开发与利用

煤炭作为一种不可再生资源，长期以来主要作为初级能源直接用于燃烧，不仅转化利用率低，而且造成严重的环境污染。为了使煤炭成为清洁、高效且便于使用的能源和原料，煤炭的材料化应成为一个重要的研究方向。

从高分子材料科学的角度来看，煤炭本身就是由多种大分子交联网络聚合物与无机矿物质组成的天然共混物，是人们难以通过合成方法制得的有机高分子烃源。这决定了煤炭在开发具有独特性能的新材料方面具有很大的潜在优势。

（一）煤基材料概述

煤基材料属于高分子科学与煤化学交叉研究的领域，是21世纪煤炭高级利用技术的新增长点。

近年来，在煤结构研究新观点的引导下，越来越多的学者注意到，煤分子中存在一些特殊功能高分子材料所具有的单元结构。因此，以煤为起始物之一来开发研究煤基高分子功能材料和复合材料已引起国内外科技界的重视，并成为高分子材料科学发展的新领域。其主要研究内容包括：①通过煤分子裁剪技术，以洗精煤为原料，研制开发高分子合成单体。②功能高分子材料，如耐高温高分子材料、导电功能高分子材料、抗静电高分子材料、太阳能电池电极材料、C_{60}、离子交换树脂、吸附剂等。③煤基复合材料，以超细煤粉为原料，通过共混途径研制煤基聚合物合金材料、碳纤维复合材料等。

（二）煤结构及其研究方法

1. 煤结构的基本概念

煤结构研究主要包括两方面的内容：一是煤的化学结构，二是煤的物理结构。

（1）煤的化学结构

煤的化学结构是指在煤的有机质分子中，原子相互连接的顺序和方式，也称为煤的分子结构。

从煤的元素组成来看，煤主要由碳、氢、氧、氮、硫五种元素组成。此外，还含有微量的磷、氯和某些金属元素。其中，碳含量大于50%，多数在75%～95%之间，因此煤具有高碳物料的特征。

煤化学结构假说认为，煤是由许多结构相似但不完全相同的基本结构单元通过桥键连接而成的，从而形成三维空间的网络型大分子结构。结构单元的核心为缩合芳香环，也含有少量氢化芳香环和杂环。外围部分主要是含氧（还有少量硫和氮）官能团和烷基侧链，并且分散嵌有一定量的低分子化合物。

（2）煤的物理结构

传统的物理结构指的是煤的孔隙结构，主要涉及其相界面间的空隙及芳香层间的层间隙。一般用孔隙率、比表面积、孔径分布和孔隙模型等来表征。煤的孔隙结构实质上是由其化学结构决定的。这是因为，煤的芳烃族和官能团之间参差不齐地排列形成了内部空隙，使煤成为多孔性物质。

2. 煤结构的研究方法

（1）物理化学研究方法

溶剂抽提法、吸附法和物化特性法等属于物理化学研究方法。

溶剂抽提法是研究煤组成和结构的最早方法之一。抽提的目的是在基本不破坏煤有机质结构的情况下，研究各种溶剂抽出物及其残渣的组成、结构和性质，以推测煤大分子的组成和结构。抽提的原理是利用溶剂的受电子能力使小分子释放出来，通过逐级抽提，分析抽提可溶物与不溶物，找出它们与煤结构之间的关系，并提出相应的煤结构模型。该方法主要用于研究泥炭和褐煤的化学组成。

煤具有一定的孔隙结构，因此具备一定的吸附性能。利用这一特性，可以测定煤的密度、比表面积等孔隙结构参数。

物化特性法是将煤转化为纳米级甚至团簇级大小，通过原位反应性检测，研究煤在转化过程中结构和性质的变化。在转化过程中，不同煤岩组分的煤大分子经过界面反应和重组等化学和物理过程，使煤达到微观均一化。运用统计学方法可以分析并提出煤的平均结构模型。

（2）化学研究方法

化学研究方法包括加氢法、氧化法、热解法和官能团分析法等。要将固体煤加氢转化为液体，需要断开煤结构中的化学键并同时进行加氢，从而生成比原煤分子更小的液体。通常认为，液化是煤结构单元之间次甲基和氧桥联结断裂的结果。将煤液化转化为石油原油等需要进行深度加氢，而转化为沥青类物质则只需进行轻度加氢。

氧化法的目的是使煤分子裂解成较简单的产物，这是一个逐渐降解的过程，也可称为氧解。根据氧化所得产物的结构特征，可以推测出煤的基本结构特征。

将煤在隔绝空气的条件下加热至较高温度时发生的一系列物理变化和化学反应的复杂过程称为煤的热解，或称热分解、干馏。煤的热解与煤的组成和结构关系密切，在热解过程中，会释放出热解水、CO_2、CO、石蜡烃类、芳烃类和各种杂环化合物。残留的固体会不断发生芳构化，直至在足够高的温度下转变为类似于微晶石墨的固体。

用化学方法测定煤的边缘基团属于经典的研究方法。煤的外围部分主要是含氧官能团（还有少量硫和氮）以及烷基侧链。

含氧官能团包括 —OH、—COOH、=C=O、—OCH$_3$、—O— 以及非活性氧等。

氮大部分以杂环形式存在，还有以桥状或—NH$_2$的形式存在。

有机硫主要有R—SH、R—S—R′、R—S—S—R′、硫酮及杂环硫。

烷基侧链有—CH2—、—CH2—CH2—等。

（三）煤炭有机结构单元特点和煤基高分子合成单体的制备

现代煤的有机结构分析表明，煤炭的有机大分子是由许多结构相似但又不完全相同的结构单元组成。结构单元的核心是由四个芳环缩合而成的芳香烃，以及一些脂环和杂环。结构单元之间通过氧桥和亚甲基桥连接，它们还带有侧链烷基、羟基、羧基、甲氧基等基团。

煤炭的有机大分子芳香结构特征决定了其在制备煤基高分子合成单体方面的独特优势。例如，耐高温聚合物和液晶聚合物的结构单元均存在于煤炭的有机结构中。

传统的煤化工工艺只能得到烃类的混合物。气化通常只能得到小分子烃类，其中烯烃和炔烃在高分子合成中具有实用价值，但其成本远远高于石油裂解工艺。

煤直接液化所得的煤液保留了煤分子中大部分原有的组分或环结构。从理论上讲，煤液用于制备特殊芳香族高聚物的合成单体更具吸引力。然而，由于煤液的组成过于复杂，分离难度极大，目前尚无成熟技术能够实现煤液各组分的完全分离。如何实现分离、纯化和催化重整，已成为煤液制备高聚物合成单体的技术关键。

煤炭高温焦化产物煤焦油所含的芳香族化合物相对简单，主要包括萘油、蒽油、酚油和沥青等。其中，萘、菲、蒽、芘和少量多芳香环化合物为芳香烃化合物，还有苯酚、甲苯酚类、二甲酚类及萘酚等含氧芳香化合物，吡啶、喹啉、吡咯、吲哚等含氮化合物，以及噻吩、硫酚、萘硫酚等含硫化合物。这些化合物都是合成高聚物单体的重要起始物。例如，菲经过一系列化学反应可以得到合成聚酰亚胺的重要单体均苯四甲酸二酐；烷基萘经过催化重整、异构化、氧化等过程可制得2,6-萘二羧酸等。

另一类是建立在"分子裁剪技术"基础上的"直接转化"方法。通过向煤中引入一种化学试剂，可以选择性地解离煤分子中已知的某些键或特定结构。该方法要求对煤分子结构有确切的认识，但目前对煤分子的结构尚不十分清楚，因此该方法仍停留在理论研究阶段。

由此不难看出，煤液或高温焦油制备高聚物合成单体的关键在于混合物的分离、纯化和选择性催化重整技术；而分子裁剪技术制备高聚物合成单体的关键在于煤分子的确切结构和选择性反应催化剂。高效分离技术的开发和对煤的有机结构特性的深入研究，应成为今后一段时期该领域的工作重点。

（四）煤基材料的应用与发展

1. 新型炭材料

20世纪80年代，国外学者在用短脉冲高功率的激光束在超氦气流中蒸发石墨时，发现了C_{60}原子簇。这一发现打破了人们对碳只有金刚石和石墨两种同素异形体的固有观念。从此，寻找碳可能存在的其他同素异形体成为人们关注的重点。

20世纪90年代，日本科学家发现了一种针状的管形碳单质——碳纳米管。后来，国外学者们提出了实验室规模合成碳纳米管的方法。研究表明，碳纳米管在高强度碳纤维材料、复合材料、纳米电子器件、催化纤维和膜工业等方面具有明显的优势。

最近，中国学者李永峰等人成功制备了一种新型的煤基球形炭材料。这种球形炭外观新颖，结构独特，且石墨化程度很高，其碳质量分数超过99.5%。这种高纯度的球形炭材料有望在复合材料等领域得到广泛应用。

总之，活性炭、活性炭纤维、纳米结构材料等煤基活性炭素材料在开发煤基高附加值产品方面具有很大潜力。

2. 煤基功能材料

（1）抗静电和导电材料

干燥煤炭的室温电导率随着含碳量的增加而升高：从10^{-14}S/cm（80%C）到10^{-4}S/cm（96%C）。煤炭的电阻率随着温度的升高而降低，表现出半导体特性。研究人员使用ZC-36高阻计测定了神府煤的电导率为10^{-10}S/cm（81%C），将煤炭作为半导体高聚物，应用熔融共混技术制备出抗静电性高聚物材料。

近几十年来，导电性高聚物材料的制备研究方兴未艾。通常的导电高聚物都是具有大π键共轭结构的体系，包括聚乙炔、聚硫氮、聚苯胺、聚吡咯、聚苯撑乙炔、聚对苯撑、聚苯硫醚、聚苯醚、聚噻吩等。人们应用在位聚合技术制备出煤基导电聚合物复合材料，研究结果表明：煤炭的电导率由10^{-10}S/cm提高到10^2S/cm，使半导体变成了良导体。对于聚合物单体、煤粉及其他性质在煤基导电材料中的作用和导电机理正在进一步研究中。

（2）煤基强/弱酸混合型离子交换功能材料

中国学者研究了利用神府煤制备煤基强/弱酸混合型离子交换功能材料。神府煤含有丰富的羟基、羧基等含氧官能团，具有良好的弱酸性离子交换功能，而磺化线型聚苯乙烯则具有强酸性离子交换功能。

人们通过对神府煤实施流化床控制氧化，使煤炭分子结构单元之间的亚甲基、醚键、羰基等桥键被氧化，得到了以羧酸为主的氧化产物。此外，芳环上的烷基也容易被氧化成羟基和羧基，得到了全酸基团含量为4.72mmol/g的神府氧化煤，改善了其与磺化线型聚苯乙烯的相容性。通过溶剂共混法，将磺化聚苯乙烯高聚物与神府氧化煤进行共混复合，制得了类似笼状结构的双功能离子交换树脂，该树脂既具有强酸性离子交换功能，又对重金属离子具有高度选择性。综合应用平衡溶胀法、FT-IR分析、DSC测定对煤基离子交换功能材料结构进行了研究。

研究表明，氧化煤与磺化聚苯乙烯之间存在分子间特殊相互作用和离子化偶极—偶极相互作用。共混物具有单一的玻璃态转化温度，当温度为113.8℃（最佳配方）时，两组分相容性很好。根据FOX方程验证，T_g值相对FOX方程计算值有正偏差表明，共混物中两组分分子间存在物理交联网络结构。离子交换功能评价表明：该材料阳离子交换容量达4.32mmol/g，其中强酸性交换量为3.07mmol/g，弱酸性交换量为1.25mmol/g，不仅对钙、镁等离子具有良好的吸附交换功能，而且对过渡重金属离子具有良好的选择性，并可以通过调整氧化煤在共混物中的比例改善其吸附选择性，所以在污水处理和硬水软化等方面有良好应用前景。

3．煤基复合材料

（1）神府煤/HDPE共混材料

学者周安宁等人首次采用熔融共混技术制备了神府3⁻¹煤/HDPE（高密度聚乙烯）共混材料。该共混体系属于部分相容体系。

煤炭的加入可以改善高密度聚乙烯的物理力学性能和电性能，提高材料的软化点和耐热性，并具有一定的抗静电功能。

结构分析表明：煤炭的分子在共混体系中起到相溶剂的作用，在相界面上形成准互穿网络结构，使煤炭与HDPF具有部分相容性。脂肪醇HDPE-g-MAH

等相溶剂对神府3⁻¹煤/HDPE共混体系的改质作用不如对HDPE/CaCO₃共混体系的改质作用明显。这是因为煤炭中的羟基等活性基团较少，相溶剂与基体的相互作用力较小。

流变性能研究表明：在HDPF/神府煤共混体系中，少量煤炭的加入可以降低体系的黏性，尤其是在低剪切速度下，这种效果更为显著，并表现出剪切稀化现象。

（2）煤基互穿网络聚合物合金材料

学者周安宁等人在上述研究的基础上，采用苯酚解聚原位聚合法，在不分离过量苯酚的条件下，制备了酚醛树脂/煤炭互穿网络聚合物（IPN）。酚醛树脂/煤炭聚合物合金不同于通过煤炭硝酸氧化产物合成法得到的酚醛树脂，前者具有互穿网络结构，性能优于通用酚醛树脂；而后者仅为一般合成树脂，煤炭氧化解聚物仅起到部分替代苯酚的作用。

（3）煤基AB交联共聚物

AB交联共聚物是一种网络聚合物，由链状聚合物A和网状聚合物B交联构成。神府煤的结构研究证明，煤具有大分子交联网络结构特征，有生成AB交联共聚物的可能性。然而，红外光谱分析表明，神府煤分子结构中含有较多的酚羟基，在一般条件下，未改性的煤粉与乙烯单体不能发生自由基聚合反应。将神府煤用作网络聚合物B，首先对其进行马来酸酐接枝改性，然后使改性煤粉与乙烯单体在自由基引发剂作用下反应，制得煤基AB交联共聚物。对于煤基AB交联共聚物的结构和性质的研究仍在进行中。

综上所述，煤基复合材料研究内容丰富，应用前景广阔，是煤炭深加工生产高技术含量、高附加值产品的重要方向。

第二节　矿区资源环境

一、矿区资源环境简述

这里论及的资源环境包含两个方面的含义：一是自然资源，即资源作为人类财产的来源和发展的物质基础；二是自然环境，即人类赖以生存的环境及其质量。

所谓"自然资源"，泛指存在于自然界并能被人类利用的自然条件（自然环境要素）。这些资源是人类为了生存和发展所能开发和利用的对象，如矿产资源、土地资源、水资源、生物资源和气候资源等。自然资源是在一定时间条件下能够产生经济价值，并提高人类当前和未来福利的自然环境因素的总称。自然资源按其增殖性能大致分为可再生自然资源、可更新自然资源和不可再生自然资源。所谓"自然环境"，通常指人类赖以生存和发展的地球表层系统，包括大气环境、水环境、土壤环境、地质环境、植被环境和生物环境等。自然环境是指直接或间接地影响人类的一切自然形成的物质、能量和自然现象的总和。

自然资源与自然环境是针对同一自然界的两个不同概念。自然资源是从人类利用自然的角度来理解的自然环境因素；而自然环境通常指非人类创造的全部外界事物，即自然界。自然环境是指人类周围客观存在的自然界，而自然资源是指人类利用的自然界因素。可见，自然资源与自然环境是自然这一整体的两个侧面，是从不同角度来看待同一事物而产生的两个不同概念。一个自然体兼具资源和环境的双重特性，例如，土地资源同时是容纳和削减污染物的环境介质。因此，资源和环境是不可分割的，是一个自然体所表现的两个方面的功能。

现实中，人们往往忽视了资源问题与环境问题的关联性。实际上，资源问题与环境问题是紧密相关的，环境问题是广义的资源问题的一部分，或者说，广义的资源问题包括环境问题。首先，任何自然资源都具有一定的生态环境功能，是生态环境中的有机要素。忽视自然资源的生态环境功能，必然导致资源的不合理开发和利用，从而造成生态破坏和环境污染。

其次，环境是资源的载体，是各种生物赖以生存和发展的空间。只有保持生态环境系统的平衡，才能确保自然资源的可持续利用，保护各种生物的生存和发展空间，从而实现人类社会的可持续发展。

最后，环境作为一种资源，必须具备可供人类社会开发利用的价值。作为资源，必然要被人类利用，而利用就意味着被消耗，被消耗则会导致稀缺，这说明资源环境对人类开发利用具有稀缺性。即便曾被认为取之不尽、用之不竭的空气、水、土地等环境资源，随着人口激增、生产发展以及污染物排放量的增加，也日益成为稀缺资源。资源必然具有有效性，而有效性必然导致稀缺，因此，有效性和稀缺性构成了资源环境的本质属性。同时，正是由于资源环境的有效性和稀缺性，才会引发资源环境的安全问题。

矿区内，除矿产资源这一主导资源外，还有土地、水、大气、地表景观等自然资源与环境，以及人口、人文历史、乡镇、社会等其他社会资源与环境。在矿区这个复杂开放的资源、环境、经济和社会系统中，上述自然资源与环境都会不同程度地受到矿产资源开发的影响。大多数自然资源与环境会因矿业开发而受到负面影响，而一些社会资源与环境，如人口、社会、经济等，往往会受到矿业开发的正面影响。

煤矿矿区资源环境的累积效应涉及多个方面。为了突出重点，这里主要研究煤炭资源开发对矿区自然资源和自然环境的影响。本书所指的矿区资源环境，特指矿区的自然资源与环境，包括除煤炭资源及其相关环境外的土地资源及其相关环境、水资源及其相关环境、大气资源及其相关环境，以及景观资源及其相关环境等。这些资源和环境是矿区人类活动的基础，也是当代及后代生存和发展的基本要素。资源环境系统对矿区的社会经济发展起着基础性的作用，如图2-7所示。

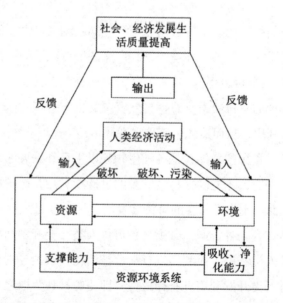

图2-7 资源环境系统对矿区的社会经济发展起着基础性的作用

　　煤炭资源开发对矿区资源环境的影响是一个多环节、多因素的复杂过程。多环节是指各种资源环境问题在煤炭的开采、加工、储运和燃烧使用的全过程中形成；多因素是指资源环境问题的形成与技术、资金、管理方式、政策导向和思想观念等多种因素相关。

二、矿区发展过程与资源环境系统

　　煤炭资源开发等活动在促进矿区经济、社会发展及改善人们生活条件的同时，也改变了矿区资源环境的组成和结构，影响了物质循环和能量转化的功能，带来了资源环境问题，损害了矿区资源环境系统。反过来，受损的资源环境也会通过约束矿区规模、影响布局、限制产业结构、左右发展速度等方面，对矿区发展的各个环节进行反馈，限制和约束矿区资源的开发以及经济和社会的发展。这表明煤炭资源开发与矿区生态环境之间存在着明显的相互作用。

（一）矿区发展的过程及阶段性

　　一个典型的煤矿矿区是依托煤炭资源开发而逐渐发展和形成的。除了服务于煤炭资源开采的生产系统和工程建设系统外，相关的配套企业（如洗煤厂、发电厂、焦化厂等）也相继上马。为了实现井田之间的通勤联系及资源的外运，矿区的运输系统必须得到发展。随着资源的开发，矿区逐渐形成一个庞大的社会群体，矿区的基础生活设施和文化设施也必须随之完善。因此，根据矿区的内涵和表现形式，可以将矿区的发展过程分为三个主要阶段，即矿区人口的集聚阶段、以煤炭资源开发为主导产业的矿区经济社会发展阶段，以及矿区空间扩展阶段。其中，煤炭资源开发是推动矿区发展的原动力，而人口的集聚和空间扩展是矿区发展的外在表现。

　　受资源赋存及开发等因素的影响和制约，矿区发展演化呈现出明显的阶段性特征。这种阶段性特征可根据不同的标志进行划分。以矿区的开发过程为标志，可以分为煤田地质勘探阶段、规划设计阶段、建设施工阶段和生产阶段；以原煤产量变化为标志，可以分为产量递增、均衡生产、产量递减和产业转型等阶段；以矿区所在的矿业城市成长为标志，可以分为点状起步期、中心扩展成长期、功能配套成熟期和结构调整转型期等。本书基于矿区生命周期原理，分析矿区发展过程中的人口集聚、经济社会发展和空间扩展变化的特征，这对于研究矿区资源环境系统演化的驱动和制动因素具有十分重要的意义。

1. 矿区发展的时间阶段性

煤矿生命周期可以分为7个时期（规划期、建井期、投产期、达产期、稳产期、衰退期、接替闭坑期）。根据它们的不同特点，可将其归纳为矿区发展的4个阶段：初期发展阶段（规划期、建井期）、加速发展阶段（投产期、达产期）、稳定发展阶段（稳产期）和衰退发展阶段（衰退期、接替闭坑期）。处于不同发展阶段的矿区，其生产组织的重点不同，煤炭资源开发和人口集聚的特点也不同，对矿区资源环境的影响形式、影响范围和影响程度各异。

①初期发展阶段。该阶段工作的重点是巷道开拓和生产系统等建设的准备。按照分阶段开发的规划部署，准备活动主要集中于矿区的少数井田。此时，开采规模较小，人口开始向矿区内汇集，相关配套企业尚未建成，对资源环境的影响主要体现在工矿建筑物和建设废弃物对空间的占用，影响程度比较小。

②加速发展阶段。矿井产量开始逐渐增加，以煤炭开采和洗选为核心的产业链开始形成，短期内人口数量急剧增长。煤炭资源开发对矿区资源环境的影响程度不断加大，主要体现在：塌陷地开始出现，土地肥力和植被生产力下降，矸石山、粉煤灰等废弃物堆占用土地增加，大量瓦斯排放，使矿区的资源环境质量整体下降。

③稳定发展阶段。矿区资源开采产量逐渐达到最高并保持稳定，开发规模变化不大。以煤炭开采为核心的产业链逐渐延伸，煤炭开采成为矿区最主要的支柱产业。人口数量相对稳定，主要以自然增长为主，老年人和未成年人比例增加。开采强度不断加大，地表沉陷剧烈，积水塌陷地和荒地出现，高等级公路受到一定影响，田间道路破坏严重，地表建筑物和构筑物受损，煤矸石和粉煤灰占地进一步增加。

④衰退发展阶段。煤炭产量逐渐降低，采矿业比重逐步下降。如果不及时实现产业结构的合理调整，矿区经济将会出现衰退，人口大量外迁。然而，由于资源环境影响的滞后性和累积性，资源开发对矿区资源环境的影响并没有减弱。矿井的老化使其无力再增加环境投资。

2．矿区发展的空间阶段性

由于受到自然条件、资源空间分布及开发技术等因素的影响，矿区大多形成分散的空间结构，表现为"点多、线长、面广"的松散形态。采矿点往往形成若干大小不一、彼此不连续的分散单元。这种分散的空间布局带来了诸多资源与环境问题：占用了较多土地资源，不利于土地的集约化和规模化利用；污染源多且分散，增加了生态治理的难度；资源外运及运输所需建设的交通运输系统大大影响了生态组分之间的交流；矿区景观逐渐破碎化等。

较大范围的煤田通常被划分为若干区域，再被分阶段、分步骤地进行勘探和开发。与此相适应，煤炭资源开发活动在空间上也逐渐向外拓展，矿区空间结构的演变呈现出较明显的阶段性特点。依据煤炭资源的开采程度和矿区所处地域的扩展方式，可以认为矿区的空间结构演化过程呈现出点状、轴向、蛙跳式扩张的空间演化规律，大致可以分为以下四个阶段，每个阶段具有不同的特点（见表2-2）。

表2-2　矿区空间结构的演化阶段

阶段	特点	形成原因
点状形成阶段	以资源采掘为主的居民点逐渐形成；人口开始集中，但规模较小；空间范围有限，呈现点状结构；多靠近交通便利的城市。	煤炭资源条件好；储量、开采条件、交通状况等条件满足开发的需要；在市场需求的作用下，政府或企业投资新建。
扩展阶段	空间地域逐渐扩大；人口不断增加；交通网络建设加强。	相关配套企业（如洗煤厂、炼焦厂和煤化工厂）等相继建成；服务于生活和生产的第三产业发展迅速；生活区、工人村和城市之间的交通需要。
跳跃式扩张阶段	矿区内出现了新的采矿点，可能会发展成煤矿城市；空间地域扩大，扩大的形式以离心分散为主；人口逐渐增多，交通联系越来越密切。	开发较早的矿井开始衰退；进一步扩大生产规模；建设新的矿井；不同井田之间通勤的需要；煤炭工业发展与煤炭资源分布矛盾的结果。
衰退期阶段	空间扩展表现为空间填充式，相邻居民点之间可能相互连接；形成带状或块状的中心区；人口可能下降。	煤炭资源区域枯竭；产业结构转型；工业职能发生改变。

①点状形成阶段。假设某区域地下存在丰富的煤炭资源，在该区域内，原先零散分布着规模较小的居民点。根据煤炭资源开发规划，选择了条件合适的

地点A和B作为优先开发的采矿点。

②扩展阶段。由于联系的需要，交通运输系统得到加强，相关的配套设施也逐渐开始建设，A、B两地的人口逐渐集中，规模逐渐增大。

③跳跃式扩张阶段。随着资源的开采，A、B采矿点的经济发展迅速，但资源日益减少或开采难度增大，开始考虑向外扩展。由于煤炭资源分布的影响，扩展形式多为跳跃式，从而形成新的采矿点，进而引发人口聚集和相关配套设施的集中。

④衰退期阶段。在这个阶段，整个矿区最终演变为由不同等级的采矿城镇和交通轴线组成的空间结构。部分井田的资源可能逐渐耗竭，因此需要考虑进行产业结构转型，以促进经济活动再次集聚和发展。

需要注意的是，以上阶段划分是相对的。由于资源条件、发展历史等因素的不同，矿区地域空间扩展的方式在实际中会有所差异，而且并不是所有矿区空间结构的演化都经历上述四个发展阶段。

通过以上对矿区时空发展阶段及其特点的分析，考虑对矿区资源环境影响研究的需要，我们认为矿区的发展可以概括为四个过程：煤炭资源的开采过程、人口的集聚过程、经济社会的发展过程和矿区空间范围的扩张过程。这四个过程交织在一起，共同作用于矿区的资源环境，并影响资源环境系统演化和发展的方向。

（二）矿区资源环境系统演化机理

1. 矿区资源环境系统特征

矿区资源环境系统由于受到以煤炭资源开发为主的人类高强度干扰活动的影响，具有不同于一般自然系统的特点。

①非线性动态特征。矿区资源环境系统不仅受到自然条件的影响和制约，还与资源开发的规模、方式和强度等人类活动密切相关。矿区资源环境系统的物质流和能量流，在环境介质和界面间的运移过程和规律与多种因素有关，呈现出典型的非线性动态变化特征。

②能量流动的特殊性。一般来说，自然资源环境系统的能量流动是自发的、天然的，在生物物种之间通过食物网传递能量。但矿区资源环境系统的物质和能量传递主要依靠资源的开采、生产和运输等部门进行，是人为的，在传

递方式和运行机制上具有一定的特殊性。

③非自律系统。自律系统主要依靠自然资源环境系统自身的物质、能量和信息的循环、传递和交换，以保障生物的生存质量。然而，对于矿区资源环境系统而言，不仅煤炭资源开发所需的物质和能量需要从外界输入，而且开发过程中产生的废弃物也难以完全通过自身处理和分解，需要借助外力，如土地复垦、生态修复等措施来处理。因此，矿区资源环境系统表现为一个不稳定且高度依赖外部支持的非自律系统。

2. 矿区资源环境系统演化的动力机制

矿区资源环境系统是一个开放且非平衡的系统，系统内不同元素之间以及系统对外界干扰的响应都存在非线性机制。因此，利用耗散结构理论、协同学理论和系统动力学等非线性科学方法，对矿区资源环境系统的非线性行为进行模拟和仿真，研究系统演化的动力机制、过程特征、演化模式及调控机制显得尤为必要。

①基于协同作用机制的资源环境效应分析。德国物理学家哈肯教授从探索支配各种系统自组织过程的规律出发，创立了协同学。该理论认为，千差万别的系统，尽管其属性不同，但在整个环境中，各个系统之间存在着相互影响和相互合作的关系。协同反映的是事物、系统或要素之间保持合作性、集体性的状态和趋势，表达了处理和解决问题的方式及事物发展过程中的状态。为了实现系统总体演进的目标，各子系统或各元素之间需要相互协作、配合、促进，从而形成良好的循环态势。

矿区资源环境系统是由多个子系统组成的复杂系统，资源环境问题的形成受到各种因素的叠加、交互和协同影响。因此，基于协同学理论分析矿区复合资源环境系统，描述系统内部不同因素的相互作用，对于研究生态环境的累积效应具有非常重要的意义。

②系统动力学机制。系统动力学是一门研究反馈系统的学科，同时也是一门跨学科的综合性学科，旨在认识和解决系统问题。系统动力学从系统结构分析入手，完成对系统反馈结构的空间描述，强调信息反馈控制，是系统论、信息论、控制论和决策论的综合产物。该学科适合研究复杂系统的结构、功能与动态行为之间的关系。利用系统动力学方法分析矿区资源环境问题，就是从系

统的角度出发，在剖析矿区资源环境系统内部各子系统及子系统之间关系的基础上，整体性研究矿区资源环境系统与外部环境之间的关系。通过全面认识矿区资源环境中不同子系统之间的动力学过程、联系和制约关系，分析不同子系统之间的反馈作用机制，从而实现对矿区资源环境系统演化动力过程的准确定量描述。

③基于熵理论的资源环境演化原理分析。熵是对系统状态的一种定量化描述，它表征着系统的组织化程度与有序程度。在系统演化过程中的每一个时刻，都存在一个与之对应的系统状态。因此，通过熵的计算，可以了解系统的变化情况，包括系统当时所处的状态及其稳定性，以及系统将向哪个方向发展等。这也使得同一系统在不同发展阶段和同类型的多个系统状况之间产生可比性。更确切地说，熵为系统演化过程的条件、运行方向和运行限度等提供了普遍的判断依据。

矿区资源环境系统是一个与其环境之间进行物质、能量和信息交换的开放系统。其熵流变化公式可以表示为：

$$dS=d_eS+d_iS \tag{2-1}$$

dS 是系统的总熵流；d_eS 是系统与环境之间的熵交换；d_iS 是系统内部不可逆过程产生的熵增量。

对于封闭系统，交换熵 $d_eS=0$，即得经典热力学的熵表述：

$$dS=d_iS \geq 0 \tag{2-2}$$

对于开放系统，根据热力学第二定律，只需保证系统内的熵产生 ≥0，而对于系统与环境之间的熵交换则没有确定的要求，即 d_eS 可正可负。当 $d_eS<0$ 时，负交换熵将导致系统的总熵减少，这是因为：

$$dS = d_eS + d_iS < 0 \Rightarrow d_eS < -d_iS \tag{2-3}$$

式（2-3）表明，如果系统充分开放，并从外界引入足够的负熵，使得 $|d_eS|>d_iS$，则有 $dS<0$，也就是说，由于系统与环境进行物质、能量和信息交换引起的负交换熵，不仅全部抵消了系统内部不可逆过程产生的熵增量，而且使系统的总熵 dS 有所减少，促进系统形成低熵有序结构。

从矿区资源环境系统发展和演化的物理意义来看，在资源环境系统的动态变化过程中，既有"热机"的熵增特征，也有"生命机"的负熵增特征。资源环境的演化趋势主要取决于这两者的变化。国内外一些专家曾应用热红外多谱仪测量了几类资源环境系统的黑体温度并计算了熵，发现采石场和裸地的熵值最大，而植被覆盖率高的地区熵值较小。也就是说，在其他变量相同的情况下，植被覆盖度低，系统的能量转化率低，系统无序度增高，系统退化严重；而植被覆盖度高，系统的能量转化率高，系统稳定并正常演化。熵值的大小还可以反映资源环境系统的退化强度和受灾程度。

与此相适应，矿区资源环境系统的演化也有两种趋势：①可持续的"绿色"矿区发展之路。这要求矿区从一开始就将资源环境保护纳入相关规划中，使资源环境保护、治理与煤炭资源开发同步进行，并及时开展如净化空气、涵养水源、保育土壤、防止侵蚀等活动，以利于生产有机质，从外界获取巨大的负熵流，使系统向有序方向发展。②资源环境系统逐渐退化。仅重视煤炭资源的开采与使用，而忽视资源环境保护，导致资源环境系统问题危害严重。这是矿区资源环境系统演化的一种极端情况，也是必须规避的一条路线。

三、矿区资源环境承载力与资源环境安全

（一）矿区资源环境承载力

1. 承载力

承载力研究是解决人口、资源和环境协调发展的重要内容之一。它表达了系统的某种物质基础与其受载体之间互动耦合的关系，最终表现为该物质基础所能维持的受载体的数量特征。其概念源于生态学，后来逐渐延伸到自然、资源和环境等领域，内涵也从描述自然生态系统的种群承载拓展到土地资源承载、水资源承载和环境承载，最后发展到人类生态系统的生态承载。在这一演变过程中，"承载力"的内涵不断丰富、演化和发展，成为一个具有广泛应用基础的综合性概念。

由于受到多种因素和不同时空条件的制约，不同研究领域的学者对资源环境承载力内涵的理解各有侧重。目前普遍认为，生态承载力是指生态系统自我维持和自我调节的能力，资源与环境子系统的供给能力，其可维系的社会经济活动强度和具有一定生活水平的人口数量。可以概括为：①资源承载力。生态

系统的发展需要资源的支持，以保证经济社会的持续发展。②环境承载力。生态系统发展的约束条件，表示环境子系统在一定经济规模和人口数量的条件下所能容纳的污染物数量和水平。③生态系统弹性力（度）。表征生态系统自我维持和自我调节的能力，因为生态系统只有在一定的弹性范围内才能保持相对稳定和相对平衡。

2. 矿区资源环境的承载力

区域承载力指的是在某一时期内，特定地域的资源环境系统在确保资源合理开发利用和生态环境良性循环的前提下，能够持续承载的人口数量、经济强度及社会总量的能力。将资源环境视为一个整体，研究其与人类经济活动和社会活动的相互作用、支配和适应关系，是实现区域经济、社会和环境可持续发展的基础。这也是判断经济社会发展与生态环境协调程度的重要依据，以及衡量区域可持续发展的关键标志。

矿区资源环境系统是由煤炭资源开发所形成的复合生态系统，包括资源、环境、经济和社会等子系统相互交织、相互作用。其结构和功能的特殊性，以及资源环境问题的典型性，使得矿区资源环境承载力与一般的区域资源环境承载力有所不同。

矿区资源环境承载力研究是矿区资源环境影响分析和评价的关键内容，是实现矿区经济、社会和生态环境协调可持续发展的基础，也是制订合理矿区发展目标的重要依据和前提。由于区域资源环境承载力的理论基础和测算方法本身尚不够完善，矿区资源环境承载力的研究目前仍处于探索阶段。

这里认为矿区资源环境承载力是指在一定时期和矿区范围内，在维持矿区资源结构符合可持续发展需要、矿区环境功能仍具备维持其稳定效应能力的条件下，矿区资源环境系统所能承受的各种社会经济活动的能力。资源环境承载力是一个包含资源、环境要素的综合承载力概念。其中，承载体、承载对象和承载率是资源环境承载力研究的三个基本要素。这可以通过资源承载力、环境承载力和生态系统的弹性力来反映。

（二）矿区资源环境安全

1. 安全

自人类诞生以来，安全问题就一直伴随着我们。随着现代科学技术的发展，人类的生存、生活环境呈现出许多全新的认识领域，为人类对安全的理解提供了一个全新的实践和研究舞台。目前，关于"安全"存在两类观点：绝对安全观和相对安全观。绝对安全观认为，安全就是无危险，指的是客观存在的系统不会对人类造成生命财产或环境资源的损失。相对安全观则认为，安全是指客体或系统对人类造成的潜在危害低于可承受限度的状态；安全被定义为不超过允许限度的危险性，也就是指不会受到伤害或危险，或损坏的概率较低。换句话说，安全意味着人员或财产受到影响的可能性是可以接受的，如果这种可能性超过了可接受的水平，就被视为不安全。

安全与危险是相对应的一对概念，两者共同存在于同一系统中，既相互对立，又相互统一，既相互依赖，又相互转化。在矛盾双方中，其中一方处于支配地位，另一方则处于从属地位，此消彼长，两者不断发生变化。安全与危险是同时描述系统过程的状态量，有时没有绝对分明的界限，常表现出模糊性和不确定性。

综上所述，安全是系统运行过程中的状态描述量，它与危险互为对偶的两个系统过程状态量。它是系统存在或运行的状态对人类生命、财产和环境可能构成的危害低于目前人类所能接受的最低限度。随着系统条件的变化，系统的过程状态量（即安全和危险）也会动态变化。

2. 矿区资源环境的安全

资源和环境安全是在当今人类社会快速发展对资源和环境承载能力造成巨大压力的背景下提出的。资源和环境安全是指在一定区域内，无论是当代人还是后代人，都能够持续、稳定和经济地获取自然资源，同时保障人类生存发展所依赖的自然资源基础和生态环境处于良好状态，或者尽量减少破坏和威胁。维护资源和环境安全包括两个方面的含义：一是防止自然资源的减少、退化以及环境质量的恶化，从而增强其对社会经济可持续发展的支撑力；二是避免由于自然资源短缺和环境恶化而引发的社会问题。资源和环境安全是一个具有空间层次的非传统安全问题，如国家、流域、区域或矿区的资源和环境安全。不同层次的资源和环境安全研究的侧重点各不相同。

煤矿矿区内多种自然资源共存，除了煤炭资源外，还有土地、水、植被等不同类型的资源和环境因子。这些资源和环境因子在特定的时空范围内构成了一个相互联系且相互影响的整体。因此，这决定了矿区矿产资源开发与其他自然资源、环境及社会经济之间需要保持协调发展的关系。当煤炭开发对土地、水、植被等其他自然资源和环境因子造成严重破坏，且治理与恢复未达到良好状态时，将导致生态环境恶化和生态系统生命支撑能力下降，从而引发资源环境安全问题。

这里将提出的矿区资源环境安全定义为：在人类开发矿产资源的过程中，应将对矿区其他自然资源与环境的破坏和恢复控制在良好的状态范围内。即资源环境的破坏及其整治不应威胁矿区人类的生存和发展，并应能够为矿区的持续发展和居民生活水平的改善提供良好的资源环境基础。矿区资源环境安全的定义包括以下几种含义：

①矿产资源的充分、合理开发是矿区的主导经济活动。没有矿产开发，就无法形成矿区。矿产开发不仅是矿区社会经济发展的支撑力量，也是国家经济发展对矿产资源的需求。因此，矿产开发是矿区资源环境安全必须优先满足的条件。矿产资源的充分、合理开发包括一定的开发强度、开发速度、回收程度和经济效益，这是保障国家层面上矿产资源安全所要求的。

②矿产开发对矿区其他自然资源及环境的破坏应控制在尽可能小的程度，避免造成毁灭性的损害。由于矿产开发的行业特性，它不可避免地会在不同程度上对其他自然资源及环境产生影响或破坏。因此，在矿产开发过程中，必须采取积极措施（如采用先进技术改进生产工艺），以降低对其他自然资源及环境的影响或破坏程度。确保这种影响或破坏在矿区资源环境承载力可承受的范围内，避免造成不可逆的破坏。

③对于不可避免的资源和环境影响或破坏，应尽可能地进行治理，并恢复到良好的状态，以维持资源和环境的结构与功能。资源和环境受到破坏后，其承载力必然会降低。为了维持其对人类的服务功能，必须对其进行治理。这种治理的目标是恢复甚至提高资源和环境的承载力，即提升其为人类服务的功能能力。

④保障矿区资源环境安全是保障当代及后代矿区居民生存和发展的物质基础。矿区的矿产开发利用不应以牺牲当代及后代矿区居民的生存空间为代价，而应实现矿产开发利用与资源环境、社会经济的协调发展，不断提高矿区居民

的生活质量和生存空间，从而实现矿区的可持续发展。

因此，矿区资源环境安全是一个多目标的决策问题，它要求矿产资源的开发利用既要兼顾经济效益与环境效益，也要兼顾企业效益与社会效益，还要兼顾当前利益与长远利益。

从矿区资源环境安全的含义可以看出，矿区资源环境安全与矿区资源环境承载力是相对应的。区域资源环境承载力是指某一区域在某一时刻的资源环境系统所能承受的人类社会和经济活动的能力阈值。资源环境承载力是资源环境系统结构与功能的综合反映，体现了其对外界的抗干扰能力和恢复能力。当人类的各种生产和生活活动对资源环境造成的影响未超过资源环境系统本身的调节能力，并且其所处的自然生态环境状况能够维持社会经济的生存与可持续发展的需求时，这种状态就处于资源环境承载力的范围之内；反之，则超过资源环境承载力的范围。当资源环境承载力超载时，资源环境系统不安全，反之则安全。

第三章　煤炭资源开采

第一节　采煤方法与采煤工艺

一、采煤方法概述

（一）基本概念

1. 采煤工作面

煤矿开拓和掘进形成了必需的巷道后，便形成了进行采煤作业的场所，这个场所称为采煤工作面，也被称为"回采工作面"。

2. 开切眼

沿采煤工作面开始采线掘进用于安装采煤设备的巷道，称为开切眼。开切眼是连接区段运输平巷和区段回风平巷的巷道，其断面形状多为矩形。

3. 采空区

随着采煤工作面从开切眼开始向前推进，被采空的空间越来越大。采煤工作面通常只需维护一定的工作空间进行采煤作业，多余的部分会依次废弃。采煤后废弃的空间称为采空区，又称"老塘"。

4. 采煤工艺

采煤工作面内各工序所用的方法、设备及其在时间和空间上的配合方式称为采煤工艺或回采工艺。在一定时间内，按照一定顺序完成回采工作各项工序的过程称为回采工艺过程。回采工艺过程包括破煤、装煤、运煤、支护和采空区处理等主要工序。

5. 采煤系统

采煤系统是指采区内的巷道布置方式、掘进和回采工作的安排顺序，以及由此建立的采区运输、通风、供电、排水等生产系统。这其中包括为形成完整采煤系统所需掘进的一系列准备巷道和回采巷道，以及需要安装的设备和设置的设施等。

6. 采煤方法

采煤方法是指采煤工艺与巷道布置在时间和空间上的相互配合方式。根据不同的矿山地质条件及开采技术条件，可以通过不同的采煤工艺与巷道布置相配合，从而形成多种采煤方法。

（二）采煤方法分类

中国煤炭资源分布广泛，赋存条件各异，开采地质条件复杂多样，形成了多样化的采煤方法。

煤炭开采方法总体上可分为露天开采和地下开采两种方式。

露天开采是一种针对在煤层上覆岩层厚度较小的情况下，通过直接剥离煤层上覆岩层进行煤炭开采的方法；而地下开采则是从地面开掘井筒（或硐）到地下，通过在地下煤岩层中开掘井巷，并布置采场以采出煤炭的开采方式。中国的煤炭资源主要采用地下开采的方法。地下开采的采煤方法种类繁多，通常根据采场布置的特征不同，将其分为壁式体系和柱式体系两大类。

1. 按巷道系统构成情况分类

（1）壁式体系采煤法

壁式体系采煤法的基本特征是工作面长度较长，一般为100～300米。每个工作面两端必须设有安全出口，一端为回风巷，用于通风和运送材料；另一端为运输巷，用于进风和运煤。在工作面内安装采煤机械设备和支架，随着煤炭的开采，工作面不断向前推进，并始终保持一条直线。

采煤机沿工作面上下往返割煤，采落的煤炭装入刮板输送机中，送到运输平巷运走；顶板由支架支护；工作面沿箭头方向推进，所有设备也随之移动，顶板自行垮落；回风平巷用于回风和运输材料。

壁式体系采煤法可以保证新鲜风流畅通，机械操作方便，工作安全可靠，工作面的生产能力高，煤炭采出率高。

壁式体系采煤法根据煤层厚度的不同，可分为整层开采和分层开采。若一次开采煤层的全厚，则称为单一长壁式采煤法；若将厚煤层划分为若干分层后依次开采，则称为分层长壁式采煤法。根据采煤工作面长度及矿压显现特征的不同，又可分为长壁式采煤法和短壁式采煤法两种。若长壁工作面沿煤层倾向布置、沿走向方向推进，则称为走向长壁采煤法；若长壁工作面沿煤层走向布置、沿倾斜方向推进，则称为倾斜长壁采煤法。工作面向上推进时称为仰斜开采，工作面向下推进时称为俯斜开采，工作面还可以沿微倾斜布置。

（2）柱式体系采煤法

柱式体系采煤法可分为房式、房柱式及巷柱式三种类型。房式及房柱式采煤法的实质是在煤层中开掘一系列煤房，煤房之间通过联络巷道相连。回采在煤房中进行，煤柱可以留下不采或在煤房采完后再采。如果先采煤房，后回收煤柱（或部分回收煤柱），称为房柱式采煤法；若只采煤房，不回收煤柱，则称为房式采煤法。

巷柱式采煤法是在采区内开掘大量巷道，将煤层切割成6米×6米至20米×20米的方形煤柱，然后有计划地回采这些煤柱，采空区的顶板任其自行垮落。

柱式体系采煤法需要掘进大量的煤巷，采煤工作面不支护或极少支护。与壁式体系采煤法相比，该方法的巷道掘进率高，但产煤量少，劳动生产率低，通风条件和安全条件较差，且煤炭损失较多。

2. 按采煤工艺方式分类

（1）炮采法

回采工作面采用爆破落煤、人工（或机械）装煤、输送机运煤、摩擦式金属支柱（或木支柱、单体液压支柱）支护顶板，以及冒落（或充填）法处理采空区时，以爆破落煤为主要特征，称为"炮采"。炮采工作面的工人劳动强度大、生产效率低、安全条件差，一般适用于小型或不具备机械化采煤条件的矿井。

（2）机械化采煤法

回采工作面采用单滚筒采煤机（或刨煤机）落煤、可弯曲刮板输送机运煤、摩擦式金属支柱（或木支柱、单体液压支柱）支护顶板，采用冒落（或充填）法处理采空区时，以机械落煤、装煤和运煤为主要特征，被称为机械化采煤，简称为"普采"。普采工作面的主要工序实现了机械化，减轻了工人的劳动强度，但顶板支护及采空区处理仍需人工操作。这种方法已逐渐被淘汰。

（3）综合机械化采煤法

回采工作面采用双滚筒采煤机进行落煤和装煤，使用可弯曲刮板输送机运煤，并通过自移式液压支架支护顶板。所有工序均实现机械化，这种方式被称为综合机械化采煤，简称"综采"。与炮采和普采相比，综采具有以下优点：

①大大减轻了工人的劳动强度。

②使用液压支架管理顶板，工人在支架保护下进行操作，大大减少了冒顶事故。

③提高了生产能力和生产效率，使生产更加集中。

④降低了材料消耗和生产成本。

二、长壁工作面综合机械化采煤工艺

综合机械化采煤，简称"综采"，是一种在长壁工作面通过机械方式进行采煤的工艺，包括破煤、装煤、输送和液压支架支护顶板。综采工作面配备的主要设备有：双滚筒采煤机、可弯曲刮板输送机和自移式液压支架。

综采工作面使用的液压支架有：支撑式、掩护式和支撑掩护式3种。

支撑式自移式液压支架由前梁、顶梁、支柱、底座、推移千斤顶等主要部件组成。支柱与顶梁相连接，起到支撑作用，后部没有掩护梁。支撑式自移式液压支架的支撑力集中在支架后部，挡矸性能不佳，适用于直接顶完整、基本顶来压强烈的坚硬顶板，但不适用于中等稳定性以下的顶板。

掩护式自移式液压支架的特点是支柱与掩护梁连接，底座与掩护梁通过四连杆连接。这类支架的挡矸性能良好，但其支撑力主要集中在支架的前部。其对基本顶来压强烈的顶板适应性较差，适宜在直接顶破碎而基本顶来压不明显的条件下使用。

支撑掩护式自移式液压支架的支柱与顶梁连接，以支撑顶板，具有支撑式的特点。而在顶梁后面，还配有掩护梁，掩护梁通过四连杆与底座连接，具有掩护式支架的特点。这类支架适应性较强，能够适用于直接顶破碎且基本顶来压的采煤工作面。

自移式液压支架以液压为动力，可以使支架升起以支撑顶板或下降以卸载。通过推移千斤顶将工作面刮板输送机与支架连接，相互作为支点，通过推移千斤顶的伸缩，向前推移刮板输送机和拉移液压支架。具体过程为采煤机采煤后，支架保持不动，千斤顶伸出，可以将输送机推向煤壁。当输送机不动时，需要移动支架的支柱卸载，推移千斤顶收缩，就可以拉动支架前移。

综采工作面采煤机的割煤方式是综合考虑顶板管理、移架与进刀方式、端头支护等因素后确定的。采煤机的割煤方式分为单向割煤和双向割煤两种。

采煤机进行单向割煤作业，完成往返一次即前进一刀。具体操作为：采煤机从一端向另一端进行割煤，在采煤机后2～3架支架的位置，紧随采煤机进行支架移动。到达另一端后，反向清理浮煤，推移刮板输送机的位置滞后于采煤机20～25米。采煤机沿工作面往返一次后前进一个截深。

采煤机进行双向割煤作业，每往返一次进两刀。即采煤机由一端向另一端割煤、清理浮煤、装煤，在采煤机后2～3架支架的位置，紧随采煤机移架，并在滞后采煤机约15米的距离推移刮板输送机。当采煤机到达工作面的另一端后，在端头完成进刀，然后反向重复上述过程。这样，采煤机沿工作面往返一次就能够前进两个截深。

中国综采工作面采煤机常用斜切式进刀方式。典型的综采工作面端部斜切式进刀工艺过程为：①采煤机割煤至端头后，调整滚筒位置，前滚筒下降，后滚筒上升，反向沿输送机弯曲段割入煤壁，直至完全进入直线段；②采煤机停止运行，待工作面进刀段推输送机及端头作业完毕后，调整滚筒位置，前滚筒上升，后滚筒下降，反向割三角煤至端头；③调整滚筒位置，前滚筒下降，后滚筒上升，清理进刀段浮煤，并开始正常割煤。

综合机械化采煤工艺将作业工序简化为采煤机割煤（包括破煤和装煤）、移架（包括支护和放顶）以及推移刮板输送机三道工序。

综合机械化采煤工艺的机械化程度高，产量高，工作面效率高，工人劳动强度小，安全状况良好，是中国机械化采煤工艺的主要技术手段。

三、放顶煤采煤工艺

放顶煤采煤法是一种采煤方法，其特点是在煤层的底板或煤层某一厚度范围内的底部布置一个采煤工作面，利用矿山压力将工作面顶部煤层在工作面推进过后破碎冒落，并将冒落顶煤予以回收的一种采煤方法。

（一）放顶煤采煤法的分类

1. 整层开采放顶煤采煤法

整层开采放顶煤采煤法是在沿底板布置一个放顶工作面进行采煤并回收顶煤。优点包括：回采巷道掘进量和维护量少；工作面设备少；采区运输和通风系统简单；实现了集中生产；在矿山压力作用下，顶煤易于回收。缺点是当煤质较软时，工作面的运输和回风巷的维护较为困难。

2. 分段放顶煤采煤法

当煤层厚度超过20米，乃至几十米、上百米时，通常可以将特厚煤层分为若干个10～12米的分段。上下分段之间保持一定的距离，可以同时采两个分段，或者逐段向下进行回采。采用这种方法时，可以在第一个放顶煤工作面铺设网状结构，使后续各分段的放顶煤工作都在网下进行，从而提高煤的采出率，并减少煤的含矸率。

3. 大采高综放采煤法

大采高综放采煤法是大采高综采技术和综放开采的综合技术，割煤高度为3.5～5.0米，采放比为1∶3左右。该技术应用大功率电牵引采煤机、大工作阻力放顶煤液压支架、大运量前后部刮板输送机等成套装备，实现对14～20米特厚煤层的整层开采，其工作面生产能力可达到年产1000万吨以上。大同塔山煤矿的设计生产能力为1500万吨/年，煤层厚度为12.63～20.2米，平均厚度为16.87米，埋深418～522米，煤层硬度为2.7～3.7。采用大采高综放采煤法，下部布置4.5～5米的大采高综采工作面，剩余煤层通过放顶煤采出，平均月产量为90.75万吨，工作面采出率约为88.9%。

（二）放顶煤工艺

1. 采煤机采煤

与单一中厚煤层类似，采煤机可以从工作面端部或中部斜切进刀，并在距滚筒12～15米处推移输送机，完成一个综采循环。根据顶煤放落的难易程度，放顶煤工作在完成一个或多个综采循环后进行。

2. 放顶煤

放顶煤工作通常从下部向上部进行，也可以从上部向下部进行，逐架或隔一架、隔数架依次进行。一般情况下，放顶煤沿工作面全长一次完成即为一轮放煤；如顶煤较厚，也可以分为两轮或多轮放完。在放煤过程中，当放煤口出现矸石时，应关闭放煤口，停止放煤，以减少混矸率。

3. 放顶煤采煤法的优点、适用条件及应注意的问题

放顶煤采煤法的优点为：

①在工作面采高不增加的情况下，可以大大增加一次开采的厚度，适用于特厚煤层的开采。

②简化巷道布置，减少巷道掘进工作量。

③提高采煤工效。

④降低吨煤生产费用。

放顶煤采煤法适用于以下条件的煤层：

①煤层厚度为5～20米或更厚的煤层。

②煤层倾角由缓斜到倾斜或急倾斜。

③煤层冒放性较好，冒落块度不大。

④煤层顶板容易垮落。

放顶煤采煤法应注意的问题：

①应采取措施提高煤炭采出率。

②防止煤自燃和瓦斯爆炸事故的发生。

③继续完善控制顶煤下放的技术措施。

四、大采高一次采全厚采煤工艺

大采高一次采全厚采煤法是采用综合机械化开采工艺，一次性开采全厚达3.5～8.8米煤层的长壁采煤法。由于工作面装备的稳定性限制，该方法适用于倾角较小的煤层。大采高一次采全厚工作面的大采高综采技术是中国厚煤层高效开采的重要发展方向。其主要发展趋势包括：采高持续增大，从最初的3.5米增加到现在的6.5～7米，神华集团的上湾煤矿采高已经达到8.8米；大采高综采技术的使用范围进一步扩大，从煤层赋存结构相对简单的西部矿区推广到结构复杂的东部矿区。

（一）大采高综采设备要求

大采高综采设备的要求有：

①采用长摇臂采煤机，并具有足够的卧底量。

②煤机具有调斜功能，以适应工作面地质条件的变化。

③工作面采落煤块度大，采煤机和输送机应有大块煤的机械破碎装备。

④大采高液压支架应具有良好的横向与纵向稳定性以及承受偏载的能力；其结构和性能应具备较好的防片帮能力，支撑力大，伸缩或折叠式前探梁可对端面顶板进行及时支护；可伸缩护帮板应能平移至顶梁端部以外，并具备足够的护帮面积和护帮阻力。

⑤大采高工作面矿压显现强烈，支架应具有较大的支护强度和自身强度。

（二）煤帮及顶板管理主要措施

煤帮及顶板管理主要措施为：

①加快推进速度，降低矿压对煤壁影响，防止煤壁片帮。

②带压擦顶移架，减少对顶板的破坏。

③割煤后及时使用伸缩梁和护帮板支护顶帮。

④制定煤壁加固技术应急预案。

⑤对支架位态实时监测，掌握液压支架工作状态。

⑥在易片帮和掉顶区域，确保煤机通过高度的前提下，适当降低采高，使支架能够支护到煤帮，避免吊顶的矸石从支架前方掉落。

（三）评价和适用条件

1. 评价

与分层综采相比，大采高一次采全厚工作面的产量和效率大幅度提高；回采巷道的掘进量比分层综采法减少了许多，并减少了假顶的铺设；减少了综采设备的搬迁次数，节省了搬迁费用。虽然设备投资比分层综采高，但产量大、效益高。与综放开采相比，一次采全高的采出率较高。其缺点是在采高增加后，液压支架、采煤机和输送机的质量都将增大。在传统的矿井辅助运输条件下，装备搬迁和安装都比较困难。此外，工艺过程中防治煤壁片帮，设备防倒、防滑和处理冒顶都有一定难度，对管理水平的要求较高。

2. 适用条件

大采高一次采全厚采煤工艺一般适用于地质构造简单、煤质较硬、赋存稳定、倾角一般小于12°、顶底板稳定或较稳定的厚煤层。

五、回采巷道布置

形成采煤工作面及为其服务的巷道称为回采巷道。主要包括开切眼、工作面运输巷和工作面回风巷等。

（一）回采巷道的布置方式

根据回采巷道的数量及其与工作面之间的位置关系，回采巷道的布置方式主要包括：双巷式、单巷式和多巷式等几种形式。

双巷式布置的一个工作面在回采时，有三条回采巷道为其服务，分别是工作面回风巷、工作面运输巷和轨道巷。在走向长壁开采时，这些巷道分别称为区段回风平巷、区段运输平巷和区段轨道平巷，其中区段轨道平巷通常也作为相邻工作面的回风平巷。在倾斜长壁开采时，这些巷道通常被称为分带回风斜巷、分带运输斜巷和分带轨道斜巷。

单巷式布置的一个工作面在回采时，只有两条回采巷道为其服务，分别位于采煤工作面的两侧，称为工作面回风巷和运输巷。

多巷式布置方式是中国神东公司在一些高产高效工作面发展出的一种新型回采巷道布置方式。工作面两侧各布置2至3条巷道，分别用于运煤、回风和辅助运输。此时，工作面长度较长，一般在200米以上。

（二）几种布置方式的优缺点和适用条件

在炮采和普通机械化采煤时，采煤工作面长度可以有一定的变化。采用走向长壁开采时，一般工作面轨道巷和回风巷沿煤层等高线布置，这称为沿腰线掘进。巷道基本保持水平（一般有5%~10%的坡度），便于巷道内矿车运输和排水。工作面运输巷则采用直线或分段取直布置，这称为沿中线掘进。巷道在水平方向上保持直线，但在垂直方向上有起伏，这有利于胶带输送机的运输。

在煤层有起伏变化的条件下，巷道难免会有一定的起伏。采用双巷式布置可以利用工作面轨道巷探明煤层变化情况，便于辅助运输。运输平巷低洼处的积水可以通过联络巷向工作面轨道平巷排水，工作面接替也较为容易。在瓦斯含量较高、工作面推进长度较长的区段,工作面准备时可以采用一条巷道进风、一条巷道回风的方式,使用双巷并列掘进,有利于巷道掘进时的通风和安全。双巷式布置的主要缺点是回采巷道掘进工程量大;工作面轨道巷如用作相邻工作面的回风巷,虽然有煤柱护巷,但维护时间较长且维护困难;增加了巷间联络巷道的掘进工程量;工作面运输巷和轨道巷间煤柱较宽,导致煤炭损失较多。在回采顺序上要求当前工作面结束后,立即转到相邻的工作面进行回采,以缩短轨道巷的维护时间。

当瓦斯含量较低、煤层赋存较稳定、涌水量较小时,一般采用单巷式布置。相邻工作面开采时,采用沿空掘巷或沿空留巷的方式进行准备,从而减少巷间煤柱的损失。沿空掘巷是指工作面的回采巷道完全沿采空区边缘或仅留很窄的煤柱进行掘进。沿空留巷是指工作面采煤后,沿采空区边缘维护原回采巷道,以便作为下一个工作面的回采巷道使用。

多巷式布置方式有利于在高产条件下保持通风安全,尤其对高瓦斯工作面的通风非常有帮助。这种布置方式使得工作面单产水平高,工作面准备和搬迁更加便捷,特别是配合无轨胶轮车运输,可以实现极高的辅助运输效率。多巷式布置的缺点在于巷道掘进率较高,巷道维护成本较高,并且需要留设大量的区段煤柱,从而导致采区采出率较低。

由于综采工作面的设备配套要求严格,一般综采工作面需要等长布置。因此,工作面的运输巷和轨道巷需要直线或分段直线布置,两条巷道相互平行,以保持工作面等长。而炮采和普采工作面则没有这方面的要求。

第二节 露天开采

一、露天开采概述

(一)露天开采的特点

露天开采的特点是采掘空间直接暴露于地表。为了采出有用矿物,需要将矿体周围的岩石及其上覆的土岩剥离掉,通过露天沟道线路系统将矿石和岩石运走。因此,露天开采是采矿和剥离两部分作业的总称。

露天开采与地下开采相比，具有以下特点：

①矿山产量规模大。目前，中国露天采煤矿区的露天矿单坑原煤生产能力均在800万～1500万吨/年，新建的露天煤矿以千万吨级为主。

②建设周期短。千万吨级的露天矿区建设周期一般为3～4年，从移交到达产期需1～3年。

③开采成本低。露天开采成本的高低与所采用的生产工艺、矿石埋藏条件、矿岩运输距离、开采单位矿石所需剥离的土岩数量等因素有关。据统计，世界露天开采成本约为地下开采成本的1/2。目前，中国露天采煤成本为地下采煤成本的1/3～1/2。

④劳动生产率高。据统计，世界露天采煤的劳动生产率是地下开采的5～25倍，中国露天采煤的劳动生产率是地下开采的5～10倍。

⑤资源采出率高。由于露天开采的特点，露天开采时的资源回收率较高，一般可达95%以上，还可以采出伴生矿物。

⑥作业安全性好。露天矿每百万吨的死亡率仅为井工矿井的1/30，可以开采易燃、多水、超高瓦斯等采用矿井开采较为困难的矿床。

⑦占用土地多。露天矿剥离物排弃往往占用很多的土地和耕地。

⑧露天开采对环境污染较大。在作业过程中，排出的粉尘较多，排弃物淋滤出的废水中含有害成分，污染水资源和农田。

⑨受气候影响大。严寒、风雪、酷暑、暴雨等都会影响露天矿的正常生产。

⑩对矿床赋存条件的要求严格。露天开采的范围受到经济条件的限制，只能开采矿体厚度较大且埋藏相对较浅的矿床。

（二）露天开采生产工艺系统分类

露天矿的生产主要包括剥离和采矿作业，将剥离出的废石和采掘出的有用矿物分别运至指定地点进行排卸。废石的排卸地点称为排土场。采矿与剥离作业过程的整体称为生产工艺，主要包括以下环节。

①矿岩准备。矿岩准备常用的方法是穿孔爆破。在个别情况下，也可以用机械的方法松解矿岩，或者用水使土岩软化。

②矿岩采掘和装载。采掘和装载主要由挖掘机或其他设备来完成，这是露

天开采的核心环节。

③矿岩移运。矿岩移运即把剥离物运到排土场，将有用矿物运往规定的卸载点。矿岩移运是连接露天矿各生产环节的重要纽带，所需设备多，动力和劳动力消耗大，是日常生产管理中最为繁忙的环节之一。

④排卸。排卸主要指对运送到排土场的废弃物进行合理的堆放工作，也包括将有用矿物卸载至选矿厂或储矿场。

上述各工艺环节所使用的设备是相互关联的，这种关联被称为"生产工艺系统"，反映采集、运输、排放各环节所用设备的特征。主要生产工艺系统的分类见表3-1。

表3-1　主要生产工艺系统的分类

序号	工艺系统名称	各环节的主要设备		
		采掘、装载	运输	排土
1	间断工艺系统	单斗机械铲	铁道运输	单斗铲
		吊斗铲	汽车运输	推土机
		前装机	箕斗、矿车提升（下放）运输	推土机
		推土机	溜井（溜槽）运输	前装机
		铲运机	铲运机	铲运机
2	连续工艺系统	轮斗铲	胶带输送机	胶带排土机
		轮斗铲	运输排土桥	—
3	半连续工艺系统	轮斗铲-铁道-推土型		
		单斗铲-移动破碎机-胶带-排土机		
		单斗铲-汽车-半固定、固定破碎机-胶带-排土机		
4	倒堆工艺系统	剥离；剥离挖掘机直接倒堆		
		剥离挖掘机和倒堆挖掘机配合作业		
		采矿；单斗、轮斗铲-相应运输设备		
5	水力开采工艺系统	水枪	泥泵-管道	水力排土
		采砂船		

表3-1中，各生产工艺系统各有其适用条件和优点：间断式生产工艺适用于各种硬度的砂岩和赋存条件，在中国及世界范围内得到广泛应用；连续式生产

工艺生产能力高，是开采工艺的发展方向，但对岩性有严格要求，一般适用于开采松软的土岩；半连续式生产工艺介于间断式和连续式工艺之间，兼具两种工艺的优点，在采深大及矿岩运输距离远的露天矿山中具有很大的发展潜力。

在露天开采过程中，还包括倒堆式生产工艺系统及水力开采式生产工艺系统。倒堆式生产工艺是指在剥离时，用机械铲或吊斗铲将剥离物直接排弃在采空区，从而减少剥离物的运输。水力开采式生产工艺主要利用水枪冲采土岩进行剥离，运输可以是自流式，也可以通过管道加压运输至水力排土场。

二、开采程序与开拓

（一）露天开采程序

露天矿场开采程序是指在露天开采范围内采煤和剥岩的顺序，即采剥工程在时间和空间上发展变化的方式。这包括采剥工程台阶的划分、采剥工程初始位置的确定、采剥工程水平推进与垂直延伸的方式、工作帮的构成等。

1. 采剥工程台阶划分及台阶开采程序

露天矿一般划分为若干个台阶进行开采，每个台阶的开采程序：

①开掘出入沟（一般为倾斜的）。

②开掘开段沟（一般为水平的）。

③进行扩帮。

对于一个台阶开掘的全过程来说，开掘出入沟称为开拓工程，开掘开段沟称为准备工程，进行扩帮称为回采工程。

每个台阶完成开拓准备工作后，在扩帮工程推进到某个位置时，即可开始下一个台阶的开拓准备工作。由此可以看出，露天矿相邻台阶的各项工程时间安排必须遵循上下台阶在空间上的先后关系，才能保证安全和正常生产。

2. 工作帮及其推进

（1）开段沟初始位置确定

第一个台阶的开挖沟位置通常选择在剥离量较少的煤层露头处，可以设置在煤层底板，也可以设置在煤层顶板。

（2）工作帮构成

工作帮的形态取决于组成工作帮的各台阶之间的相互位置，通常可用工作帮坡角的大小来表示。

（3）工作帮推进

工作帮的推进方向与矿山工程开段沟的初始位置有关。从煤层底板拉沟向顶帮推进，即形成一个工作帮；从煤层顶板拉沟，工作帮则向顶帮和底帮两个方向推进，形成一个剥离工作帮和一个采煤工作帮。这两种台阶工作帮的推进方式均为平行推进，有时也可以采取扇形推进方式。

（二）露天矿开拓

露天矿开拓是指建立地面与露天矿场内各工作水平之间的矿岩运输通道，以确保露天矿场的正常生产。露天矿开拓的内容包括直接研究坑线的布置方式，建立合理的矿床开发运输系统，它同时也是研究和解决矿床开发总体规划和矿山工程合理发展的重要课题。

露天矿的开拓与运输方式有着密切的关系。根据运输方式，露天矿的开拓方法主要分为公路运输开拓、铁路运输开拓、带式输送机开拓、平硐溜井开拓和提升机提升开拓。

这里重点介绍露天矿铁路运输开拓方式、公路运输开拓方式和带式输送机开拓方式。

1. 铁路运输开拓系统

铁路运输分为准轨和窄轨两种，大中型露天矿采用准轨，小型露天矿采用窄轨。

（1）坑线布置形式

从纵断面可以看出，坑线布置方式为：台阶高度为h，L为露天矿底长，i为限制坡度，l为通过线长度，l_c为折返站长度。列车从地表经过三次直进到折返站，由于受采场长度的限制，必须折返到达第4个台阶。其中，直进式列车运行条件好，而采用折返式时，列车需要停车再启动向反向运行，故在走向长度允许条件下，尽可能采用直进式。但由于受矿场长度限制，不可避免要采用折返式。所以，在铁路开拓矿山，无论是山坡露天还是凹陷露天，坑线布置一般是直进和折返两种方式的结合。此外，为了提高列车的运行速度，当上部台阶到边界后，可以废除原折返坑线，而全部采用沿边界直进延伸，形成螺旋式坑线。

（2）坑线固定性

坑线设于非工作帮上称为固定坑线，设于工作帮上称为移动坑线。固定坑线在生产中不受工作帮推进的影响，因此不需要定期移设，线路质量较好。但要求矿床埋藏条件及水文、工程地质条件明确，并应有确定的最终边帮位置。

（3）多坑线系统

当露天矿的煤岩运量很大时，可以设置两个或两个以上的沟道系统来满足不同的需求。

2. 公路运输开拓系统

公路开拓采用的运输设备是汽车，坑线坡度可达8%以上，转弯半径较小，因此坑线布置较为灵活。在汽车运输条件下，移动坑线的缺点已经不明显。为了缩短汽车的运输距离，多采用移动坑线多出口的开拓系统。

（1）公路运输开拓特点

公路运输开拓特点包括：机动灵活，便于选择和采用；矿场可以设置多个出入口，实现分采分运，从而提高运输效率；还适合高、近、分散的排土场；能够满足各种开采程序的需求，工作线长度可以很短，并可在基坑中开掘新水平，以减少掘沟工程量。与铁路运输相比，公路运输的线路工程量较小，基础建设时间短，投资较少，但矿岩的吨公里运输成本高于铁路运输。

（2）公路运输开拓系统的适用条件

公路运输开拓系统的适用条件如下：适用于地形复杂的山坡和凹陷露天矿；煤层赋存复杂（如夹矸、断层多）的矿山，以及煤质变化、要求分采的矿山；适用于运距较短的山坡露天矿，一般运距小于3千米，当采用大吨位运输设备时，合理运距可以超过3千米；公路运输还可作为露天矿联合开拓方式的组成部分。

3. 带式输送机开拓系统

带式输送机开拓的主要特点是：生产能力大；与铁路运输和汽车运输相比，其爬坡能力较强，可达到16°～18°；可以缩短运输距离；吨公里运输成本较汽车运输低。但需要注意的是，对煤岩块度有要求，敞露的带式输送机会受到气候条件的影响。

在露天矿中采用连续工艺时，开拓系统较为单一。当采用半连续工艺时，物料在进入带式输送机前需要经过移动或固定破碎机的处理。物料被破碎至合适的块度后，再进入带式输送机系统，其布置方式也较为简单。

三、开采工艺

（一）煤岩预先破碎

露天矿广泛采用的预先破碎方法是穿孔爆破。具体步骤是选用合适的穿孔设备，按照一定规格打孔，然后装药进行爆破。爆破后，煤岩被松散成一定规格的块度，便于采掘和装载。

1. 穿孔

穿孔用穿孔机完成，穿孔机有冲击式和回转式两类。

（1）钢绳冲击式钻机

钢绳冲击式钻机是露天矿中的主要穿孔设备之一。其工作原理是通过钻具自由下落冲击孔底来凿碎岩石。经过一段时间后，向孔内注入定量的水，使孔底的岩粉与水混合形成悬浮岩浆，然后定时用取渣筒取出泥浆。

这种穿孔机结构简单，适应性强，易于维修，备件充足。但作业是间断式的，因此穿孔效率低，劳动强度大。在岩性适宜的矿山（≤6），月效率为5000米。

（2）潜孔钻机

潜孔钻机是一种风动冲击式钻机。工作时，将冲击器和钻头一起潜入钻孔，压缩空气通过钻杆送入冲击器以冲击钻头，孔底的岩粉则由压缩空气排出孔外。

潜孔钻机结构简单，其钻机机架与水平面的夹角可调（60°～90°），因此可以穿凿倾斜孔，满足控制爆破的要求。潜孔钻机穿孔成本较低，穿孔效率通常比钢绳冲击钻机高2～3倍。潜孔钻机适用于中等硬度的岩石。在露天矿中常用的潜孔钻机有CLQ-80、YQ-150A、KQ-150、KQ-200、KQ-250等型号。

（3）牙轮钻机

牙轮钻机是一种回转钻机，工作时借助推压提升机构向钻头施加高钻压和扭矩，将煤岩在静压、少量冲击和剪切作用下破碎，岩渣通过压缩空气吹出孔外。牙轮钻机效率高，适应性强，在各种硬度的岩石中作业效果优于其他钻机。在相同的穿孔条件下，牙轮钻机的穿孔效率比钢绳冲击式钻机高4～5倍，比潜孔钻机高1～2倍，且成本低。国产牙轮钻机有KY-310、YZ-55、KY-250、YZ-35、KY-150、ZX-150A等型号。

2. 爆破

爆破工作是将煤岩从整体中分离下来，并按照一定的块度和工程要求堆积成特定的几何形状。露天矿采用的爆破方法多是沿台阶布置单排或多排垂直炮孔，进行深孔齐发或微差爆破。

（二）采装工作

采装工作是指通过机械设备将软岩或预先松碎的煤岩采挖并装入运输设备中，或者倒卸在指定地点。得到广泛应用的间断式采装设备包括单斗挖掘机、前装机和铲运机等几种形式。

1. 单斗挖掘机

单斗挖掘机按其工作装置可分为正铲、反铲、刨土铲、拉铲和抓斗铲。

2. 前装机

前装机将采装、短距离运输、排弃和辅助作业集于一台设备。它灵活机动，运行速度快，爬坡作业性能优良，维护费用低。前装机多为轮胎式，运输距离一般不超过150米。国产前装机的斗容为5立方米，国外有斗容达到22立方米的前装机。

与相同斗容的机械铲相比，前装机质量更轻、价格更便宜且操作更简单。然而，前装机的生产能力较低，仅为同斗容机械铲能力的1/2。其设备寿命较短，轮胎和燃料的消耗也较大。因此，该设备通常作为辅助设备与单斗挖掘机配合使用。

3. 铲运机

铲运机与装运机的主要区别在于铲运机本身不带有储料车厢，而是配备一个大容积的铲斗。铲斗装满后，铲运机直接运往卸载点进行卸载。铲运机的机身分为前后两部分，通过铰链相连。铲运机操作轻便，转弯灵活，且前后轴均为驱动轴，具备较强的爬坡能力。目前，铲运机多为柴油驱动，运距不受限制，速度快，生产能力较高，但排放的废气难以净化，因此有可能被电力驱动的铲运机所替代。

（三）运输

煤岩从工作面通过采装设备挖掘后装入运输设备，煤被运往卸煤站或选煤厂，岩石被运往排土场，生产所需的材料则被运往指定地点。运输工作是采装和排卸的连接环节，起着"纽带"的作用，也决定着整个生产任务完成的质量。

常用的运输方式包括铁路运输、公路运输、箕斗运输和联合运输。随着运输机械的发展，公路运输能力有了很大的提高。目前，大量先进的重型卡车被投入使用，如卡特彼勒公司的797型卡车。

卡特彼勒797是全球最大的矿山车之一，外形尺寸为7.01米高，14.48米长，9.14米宽。当翻斗升起后，高度则达到15.24米。车上配备了8台电脑，用于监测油压、扭矩、机器性能和轮胎温度等关键参数。797的轮胎由米其林专门定制，每个轮胎高达3.96米。

最新版的卡特彼勒797F配备了排量为106升的Cat C175-20 ACERT柴油机，最大功率为2983千瓦（4059马力）。油箱容量达到7571升，最大设计车速为67.6千米/小时。整备质量为260.7吨，额定载重为363吨，车厢容积为堆装267立方米。

（四）排土

露天开采过程中，为了采煤而必须剥离的土岩，通过运输设备运至特定地点进行排弃，这个排弃的场所称为排土场。排土场可以选择设置在开采范围以外，称为外排土场；也可以利用已开采的空间进行排弃，称为内排土场。

由于被剥离的土岩往往是采煤量的几倍，因此场地的选择、容量大小以及距离采场的远近都将直接影响剥离成本。

1. 排土场位置选择

排土场位置的选择首先应考虑近距离排土，尽量少占或不占用农田，并尽可能减少对环境的污染。因此，在近水平和缓倾斜煤层条件下，开采设计上应尽可能采用采场内采空区排土；在倾斜与急倾斜煤层条件下，可利用分区开采实现内排，或将剥离物排至已采尽的采空区，这些均为内排土。在进行内排时，采掘工作面和排土工作面之间应留有一定的安全距离。

为了实现近距离排土并降低采煤成本，可以在采场附近选择一个或多个近距排土场，但总排弃空间应能满足全部剥离量排弃的需求。

2. 排土设备及排弃方式

（1）铁路运输

应用铁路运输的矿山，排土设备目前较多采用机械铲排土和推土犁排土。

机械铲排土的主要工序包括翻土、挖掘机堆垒和线路移设。排土台阶分为上下两个台阶，挖掘机站在中间平台上，将列车排弃的土倒向外侧及堆垒在上部台阶。这种排土方式的排土段高度随着岩性变化，可达到40~50米，排土线长度不小于600米。

机械铲排土能够保证较高的排土台阶，线路移设量小，线路质量好，脱轨事故少，生产能力大，劳动生产率高。然而，采用这种排弃应需要购置挖掘机，投资较大，单位排土成本较高。

推土犁排土工序为列车翻土、推土犁推土、平整台阶和移道。

推土犁排土台阶的高度通常为12~20米；排土线长度为800~1000米，移道步距一般为2.6~2.8米。

推土犁排土设备投资少，单位排土成本低，但排土能力较低。

（2）汽车运输

矿山的汽车运输主要采用推土机进行排土，作业相对简单。汽车将岩土卸在排土场边缘后，由推土机将岩土推至排土场的外侧，同时完成排土场的平整工作。

第三节　煤矿特殊开采方法

一、煤矿充填开采

充填开采是在井下或地面使用矸石、砂、碎石等物料对采空区进行充填，以达到控制岩层运动及地表沉陷的目的。充填开采具有提高煤炭采出率、充分利用资源、有效控制矿压、减少地表沉陷以及能够在特殊条件下开采等优点。此外，采空区可以作为处理废石的空间，减少矸石等废物的堆放和环境污染，改善矿区周围的生态环境，是煤矿绿色开采的重要组成部分。基于这些优点，在中国当前的能源状况及形势下，充填开采越来越受到各界的重视，充填工艺技术也在充填开采不断发展的过程中得到创新与发展。

煤矿充填开采目前主要包括膏体充填、超高水材料充填和综合机械化固体充填等技术。

（一）膏体充填技术

所谓膏体充填技术，就是将煤矸石、粉煤灰等固体废物在地面加工成无临界流速、不需脱水的膏状浆体，然后利用充填泵和重力，通过管道输送到井下，适时填充采空区的一种采矿方法。

1. 膏体充填技术充填材料

膏体充填技术采用的充填材料主要包括煤矸石（需经过破碎和筛分）、粉煤灰、炉渣、矿渣、城市垃圾、劣质土等，这些材料被加工成膏状浆体。通常，膏体充填材料的质量浓度大于75%，目前最高可达88%。一般需要采用大型充填泵将其输送至充填地点。

2. 膏体充填技术充填工艺

膏体充填工艺流程主要包括材料准备、配料制浆、管道输送和工作面充填四大部分。整个充填系统主要由固体废物加工、充填材料储存、充填材料配制、膏体泵送、充填体构筑、检测控制及粉尘防治等环节构成。

（二）超高水材料充填技术

1. 超高水材料充填技术充填材料

充填材料主要由A料和B料组成：A料主要由铝土矿和石膏独立烧制，并与复合超缓凝分散剂结合而成；B料由石膏、石灰和复合速凝早强剂组成，同时配有悬浮分散剂。两者的混合比例为1∶1；材料的含水体积可达97%。这种充填材料的主要特点包括：材料消耗量少，材料固结体体积应变较小，凝结时间易于调节，输送距离不受限制等。

2. 超高水材料充填技术充填工艺

超高水材料是一种高含水材料，其充填工艺与膏体充填相似，主要包括材料准备、配料制浆、管道输送和工作面充填四个部分。在配置浆料时，需要将A、B两种材料分别加水搅拌，然后通过管道分别输送。在充填点附近，这两种浆体通过混合器和混合管进行混合，随后灌注到充填空间内，并可迅速固化成型。

目前常用的充填方式是采空区全袋（包）式充填法。这种方式需要在支架移出一定空间后，在后部悬挂充填包，然后向充填包内灌注超高水混合材料。

（三）综合机械化固体充填采煤技术

综合机械化固体充填采煤技术的基本理念是将地面的矸石、粉煤灰、建筑垃圾、黄土、风积沙等固体废弃物通过垂直连续输送系统运输至井下，再用带式输送机等相关运输设备将其输送至充填工作面。借助充填物料转载输送机、充填采煤液压支架、多孔底卸式输送机等充填采煤关键设备，实现采空区的密实充填。井下掘进时产生的矸石经过破碎后，可以直接输送至工作面进行充填。

1. 固体密实采煤关键设备

综合机械化固体密实充填采煤的关键设备包括采煤设备和充填设备。其中，采煤设备主要有采煤机、刮板输送机、充填采煤液压支架等；充填设备主要有多孔底卸式输送机、自移式充填物料转载输送机等。

（1）充填采煤液压支架

充填采煤液压支架是综合机械化固体密实充填采煤工作面的主要装备之一。它与采煤机、刮板输送机、多孔底卸式输送机、夯实机配套使用，起着管理顶板、隔离围岩、维护作业空间的作用。与刮板输送机配套使用时，液压支架能够自行前移，推动采煤工作面的连续作业。

（2）多孔底卸式输送机

多孔底卸式输送机是基于工作面刮板输送机研制而成的，其基本结构与普通刮板机类似，不同之处在于多孔底卸式输送机的中部槽上均匀布置了卸料孔，用于将充填物料卸载到下方的采空区内。多孔底卸式输送机的机身悬挂在后顶梁上，与综采面上、下端头的机尾、机头组成完整的多孔底卸式输送机系统，用于运输充填物料，并与充填采煤液压支架配合使用，实现工作面的整体充填。夯实机安装在支架底座上，对多孔底卸式输送机卸下的充填物料进行压实。为了控制卸料孔的卸料量以及卸料速度，在卸料孔下方安装了液压插板，通过液压油缸的控制，可以实现对卸料孔的开启与关闭。

（3）自移式充填物料转载输送机

为了实现固体充填物料从低位的带式输送机向高位的多孔底卸式输送机机尾的转载，自移式充填物料转载输送机由两部分组成：一部分是具有升降和伸缩功能的转载输送机，另一部分是能够通过液压缸实现自移功能的底架总成。可调自移机尾装置也由两部分构成：一部分是可调架体，另一部分同样是能够通过液压缸实现自移功能的底架总成。转载输送机和可调自移机尾装置共用一套液压系统，操纵台固定在转载输送机上。

2. 固体密实采煤与充填工艺

（1）固体密实采煤工艺

采煤工艺与综合机械化采煤工艺相同。

（2）固体密实充填工艺

充填工艺流程如下：在工作面刮板运输机移直后，将多孔底卸式输送机移至支架后顶梁后部，开始充填。充填顺序从多孔底卸式输送机的机尾向机头方向进行。当前一个卸料孔卸料达到一定高度后，开启下一个卸料孔，并启动前一个卸料孔所在支架后部的夯实机千斤顶，推动夯实板，对已卸下的充填物料进行夯实。如此反复几个循环，直到夯实完成，一般需要2~3个循环。当整个工作面全部充满后，停止第一轮充填，将多孔底卸式输送机向前移动一个步距，移至支架后顶梁前部。然后，用夯实机将多孔底卸式输送机下面的充填料全部推至支架后上部，使其接顶并压实。最后，关闭所有卸料孔，对多孔底卸式输送机的机头进行充填。

二、煤与瓦斯共采

煤炭是中国的主要能源，瓦斯作为煤的伴生产物，不仅是煤矿的重大灾害源和大气污染源，更是一种宝贵的不可再生能源。中国的瓦斯总量大，与天然气总量相当，且随着采矿深度的增加，瓦斯含量将显著增加。实现煤与瓦斯共采，是深部煤炭资源开采的必然途径。深部煤与瓦斯共采不仅能保障中国经济持续发展对能源的需求，还将进一步提升中国煤矿安全、高效、洁净的生产水平，尤其对优化中国能源结构、减少温室气体排放具有十分重要的意义。

从两种资源开采顺序上划分，煤与瓦斯共采主要有3种方式：

①先采瓦斯后采煤。通过预先抽采部分瓦斯，消除突出的危险，提高开采的安全性。方法包括：顶底板穿层钻孔预抽瓦斯、保护层开采预抽主采煤层卸压瓦斯、顺层钻孔预抽瓦斯。

②煤与瓦斯共采。在掘进工作面进行掘进和采煤工作面回采的同时，利用工作面前方应力变化使煤层透气性增加的有利条件，抽采煤体内的瓦斯。同时，采用顶板走向钻孔或巷道抽采工作面采空区积聚的大量瓦斯，既避免了采空区瓦斯涌入工作面导致上隅角瓦斯积聚和回风流瓦斯超限，又能将采空区的高浓度瓦斯抽至地面加以利用。

③先采煤后采瓦斯。多开气源，确保利用。在采煤工作面或采区煤矿开采结束后，对密闭的采空区进行瓦斯抽采。主要方法是在密闭墙内接管抽采或从地面钻孔抽采。

目前，煤与瓦斯共采技术的难点主要集中在瓦斯的抽采。以下是几种主要的抽采技术体系：

①卸压开采与抽采瓦斯技术体系。首采层卸压增透消突技术：首采层均为突出煤层，采用瓦斯抽采母巷钻孔法预抽瓦斯，以卸压消突。瓦斯含量法用于预测煤与瓦斯突出技术：针对首采层开展突出机理与规律、突出预测预报新技术的研究；寻找新的突出预测预报方法和指标，建立矿区防突预测预报指标体系。应用微震技术探测首采层采动覆岩裂隙发育区，从而确定高位环形体裂隙发育等瓦斯富集区，进一步优化瓦斯抽采工程设计，逐步实现瓦斯抽采工程的精准化。针对首采层松软煤层，成功开发了快速全程护孔筛管瓦斯抽采技术，并完善了高压水射流割缝增透煤层气抽采技术。针对深井井巷揭煤，开发了快速揭煤技术，形成了低透气性煤层群卸压开采与抽采瓦斯技术，开发了首采煤层顶板抽采富集区瓦斯技术，开发了大间距上部煤层抽采被卸压煤层解析瓦斯技术，开发了多重开采下向卸压增透瓦斯抽采技术，开发了地面布置钻孔抽采被卸压煤层解析瓦斯技术。开发了无煤柱护巷围岩控制关键技术：包括主动整体强化锚索网注支护、抗强采动巷内自移辅助加强支架、巷旁充填墙体支护三位一体的围岩控制技术；研发了高承载性能的巷旁充填墙体支护材料，并研制成功了巷旁充填一体化快速构筑模板支架。成功开发了无煤柱（护巷）Y型通风留巷钻孔法抽采瓦斯的关键技术：首采层采空区留巷钻孔法抽采瓦斯技术，

留巷钻孔法上向钻孔抽采卸压煤层瓦斯技术，留巷钻孔法下向钻孔抽采卸压煤层瓦斯技术。

②全方位立体式抽采瓦斯技术体系。主要技术包括：钻孔裂隙带抽采、高位抽采巷抽采、回采工作面下隅角综合抽采、采空区瓦斯抽采技术、采动煤岩移动卸压增透抽采瓦斯技术、原始煤层强化抽采瓦斯技术、区域性卸压开采消突技术、本煤层长钻孔抽采瓦斯技术、深部开采安全快速揭煤技术、深井低透气性煤层井筒揭煤防突关键技术、高瓦斯煤矿电网重大灾害监控预警技术等。高瓦斯近距离煤层群顶板顺层千米大直径钻孔实现"煤与瓦斯共采"技术，解决了多年来严重制约矿井发展的瓦斯难题，实现煤与瓦斯安全高效共采。该技术解决了近距离高瓦斯煤层群开采过程中综采工作面上隅角和回风流中浓度超限的问题。结合千米定向钻机，提出了高抽钻孔组和顶板裂隙钻孔组联合抽采瓦斯技术。

③深部薄厚煤层瓦斯抽采技术体系：针对深部薄煤层，采用Y型通风技术，并在留巷段施工网格立体式穿层钻孔，拦截抽采邻近突出煤层的卸压瓦斯，实现无煤柱煤与瓦斯的共采。对于高瓦斯特厚煤层的煤与瓦斯共采技术，利用首采煤层的卸压增透增流效应，采用专用瓦斯巷与穿层钻孔的方法，可以消除位于弯曲下沉带的远距离煤层的瓦斯突出危险，从而实现煤与瓦斯两种资源的安全、高产、高效共采。此外，采用高抽巷方法，可以对位于上覆采动断裂带的中距离卸压瓦斯进行抽采，能够实现煤与瓦斯两种资源的安全、高产、高效共采。

三、煤炭流态化开采

流态化开采是指将深部固体矿产资源原位转化为气态、液态或气固液混合态物质，并在井下实现无人智能化的采选、充填及热电气等转化的开采技术体系。该技术突破了固体矿产资源在深度开采上的限制，使得深地煤炭资源的开采可以像油气开发一样实现"钻机下井，人不下井"，依靠压差进行开采，从根本上颠覆了固体资源的开采模式。实现深地煤炭资源的流态化开采，关键在于探索深地井下采选、充填、气化、电力和热能的一体化无人智能采掘与转化系统。通过无人作业、智能采掘、原位转化和高效传输等颠覆性技术，实现将深地固体资源气化、液化和电气化的系统流态化开采。

　　煤炭资源的开采、清洁燃烧、环保利用与CO_2减排一直是国际关注的重点。作为煤炭开采与消费大国，中国若能实现深地煤炭资源的采、选、充、电、气的原位、实时和一体化开发的颠覆性开采模式，不仅能解决中国经济高速发展对能源需求的短缺问题，实现煤炭资源开采深度的突破，为中国乃至世界资源可开采、可利用的总量翻番提供理论与技术支撑，还能在煤炭资源的高效开采、清洁燃烧、环保利用与CO_2减排等方面为世界作出贡献。未来的煤矿将成为清洁、安全、智能、环境协调、生态友好的电力传输和能源调蓄基地。

　　深部煤炭资源流态化开采构想包括以下主要技术流程：

　　①无人采掘。利用深地无人智能盾构作业（TBM）切割煤岩体，通过传送设施将矿物块粒传送至分选模块。

　　②智能分选。通过重力分选，将煤炭与矸石进行分离，并将矸石回填至采空区。

　　③原位转化。在深部原位实现煤炭资源的液化、气化、电化、生物化等系统流态化。

　　④充填调控。转化后的矿渣经过混合加工，形成充填材料，用于回填采空区，以控制岩层运动和地表沉陷，实现安全、绿色的开采。

　　⑤高效传输与智能调蓄。深层煤炭资源通过原位转化，以流态化形式高效智能地传输至地表，并结合深层地热能的利用，使传统概念中的煤炭企业成为电力传输和清洁能源的调蓄基地。

四、煤炭精准开采

　　煤炭精准开采是基于透明空间地球物理和多物理场耦合，以智能感知、智能控制、物联网、大数据、云计算等为支撑，具备风险识别、监控预警等功能，能够实现时空上准确、安全、可靠的智能少人（无人）安全精准开采的新模式和新方法，其科学内涵如图3-1所示。

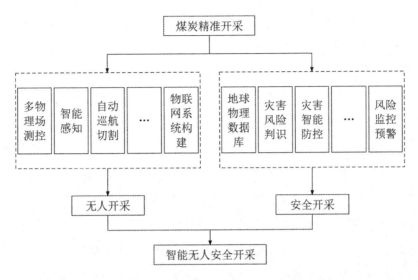

图3-1　煤炭精准开采的科学内涵

结合煤炭发展的现状和长远需求，精准开采将分两步实施：第一步是实现地面与井下相结合的远程遥控式精准开采，即操作人员在监控中心远程干预和遥控设备运行，采掘工作面落煤区域无人操作；第二步是实现智能化少人（无人）精准开采，即采煤机、液压支架等设备的自动化智能运行和惯性导航。煤炭精准开采将最终实现地面远程控制的智能化、自动化、信息化和可视化，实现煤炭开采的少人（无人）、精确、智能感知，以及灾害的智能监控预警与防治。

煤炭精准开采涉及面广、内容纷繁复杂，实施过程中需要解决诸多科学问题。

①煤炭开采涉及多种动态信息（如应力、应变、位移、裂隙、渗流等）的数字化定量分析。传统采矿多依赖经验和定性分析进行开采，而精准开采是将传统采矿与定量化、智能化技术高度结合，开发出多功能、多参数的智能传感器。以开采沉陷的精准控制为例，需要快速而精确地识别、获取和重建开采沉陷数据，以实现开采沉陷的信息化、数字化及可视化，从而为进一步的定量化预测奠定基础。

②采场及开采扰动区多源信息的采集、传感与传输。煤炭井下开采涉及应力场、裂隙场、渗流场等诸多问题，准确获取采场及开采扰动区的地应力、瓦

斯压力、瓦斯涌出量、裂隙发育区等信息至关重要。精准开采在该方面涉及的关键科学问题包括：采场及开采扰动区的多源信息采集与传感、矿井复杂环境下的多源信息多网融合传输，以及人机环参数的全面采集与共网传输等。

③基于大数据云技术的多源海量动态信息评估与筛选机制。随着煤矿物联网覆盖范围的不断扩大，"人、机、物"三元世界在采场信息空间中的交互与融合产生了越来越多的数据。因此，基于大数据云技术的多源海量动态信息评估与筛选机制的研究变得愈加重要。在精准开采方面，涉及的关键科学问题包括：井下掘进定位，以及应力场、应变场、裂隙场、瓦斯场等多物理场信息的定量化采集；多源、海量、动态、多模态等特征传感信息的评估与筛选；多维度信息的复杂内在联系，以及质量参差不齐、不确定等的海量信息的聚合、管理与查询；可视化、交互式、定量化、快速化、智能化的多物理场信息智能分析系统的搭建等。

④基于大数据的多相多场耦合灾变理论研究。煤炭开采涉及固-液-气三相介质，在开采扰动作用下，这三者相互影响、相互制约、相互联系，形成采动应力场-裂隙场-渗流场-温度场的多场耦合效应。研究煤炭开采灾害的多相多场致灾机理是精准开采的重要内容。在该领域，精准开采涉及的关键科学问题包括：开采扰动及多场耦合条件下的灾害孕育演化机理、灾变前兆信息的采集、传感与传输，以及灾变前兆信息挖掘与辨识的方法与技术等。

⑤深度感知灾害前兆信息的智能仿真与控制。与基于被控对象精确模型的传统控制方式不同，智能仿真与控制能够直观展示井下采场情况，模拟不同开采顺序和工艺引起的采动变化等，更好地解决煤矿复杂系统的应用控制问题，具有更高的灵活性和适应性。在精准开采方面，涉及的关键科学问题包括：矿山地测空间数据深度感知技术、矿山地质及采动信息数字化、矿山采动及安全隐患智能仿真、开采模拟分析与智能控制软件开发等。

⑥矿井灾害风险预警。矿井灾害风险的超前、动态和准确预警是煤矿安全生产的前提。精准开采在这一领域涉及的关键科学问题包括：矿井灾害致灾因素分析、矿井灾害预警指标体系的创建、多源数据融合的灾害风险识别方法及预警模型、灾害智能预警系统等。

⑦矿井灾害应急救援关键技术及装备。快速有效的应急救援是减少事故人

员伤亡和财产损失的有效措施。精准开采在此方面涉及的关键科学问题包括：救灾通信、人员定位及灾情侦测技术与装备，矿井应急生命通道的快速构建技术与装备，以及矿井灾害应急救援通信系统网络等。

五、煤炭近零生态环境影响开采

煤炭近零生态环境影响开采是指，以煤炭资源的组分和性质为基础，以能值为衡量基准，采取针对性手段或措施，实现煤炭开发利用效能（或效用）最大化，同时尽量减少或避免对生态环境的影响。它主要包括以下内容：

①煤炭的资源属性。煤炭是一种资源，由多种成分组成，本身并没有"肮脏"与"清洁"之分。在开发过程中，如果对生态环境进行少量扰动或不扰动，且在利用过程中对各种成分进行充分利用而不排放到环境中，自然不会对生态环境造成影响。煤炭绿色低碳开发利用的核心不在于煤炭本身，而在于开发和利用煤炭的方式和技术。

②煤炭开发利用的价值衡量标准。煤炭开发利用以实现效能（或效用）为根本目标，评价煤炭开发利用的价值不在于开发和利用了多少煤炭以及如何开发利用，而在于煤炭开发利用实现了多少使用者需要的有效能量或效用。

③煤炭近零生态损害开发和近零污染物排放利用理念。煤炭开采实现地表近零均匀沉降，地下水资源得到科学保护和利用，矿区环境得到有效修复和保护，朝着改善环境的方向发展，甚至在开采后生态环境有所改善。利用过程中，污染物排放达到近零排放水平，并在实现相同能值的统一标准下，甚至低于利用太阳能实现同等效用全过程对应的排放量。

根据现有的基础和可能的研发进程，近零生态损害科学开采可以划分为三个阶段："2025技术升级与换代""2035技术拓展与变革""2050技术引领与深地空间利用"。

2025年前：实现超低生态损害的信息化、自动化开采。在绿色生产理念的基础上进行技术和方法的创新，通过高精度非接触式地质构造精确探测技术、复杂地形绝对空间导航定位、三维虚拟现实、互联网、信息化和自动化等技术的应用，完成煤炭开采技术的升级换代，实现超低生态损害的信息化、自动化开采。

2025～2035年：实现近零生态损害的智能化、无人化开采。在信息化和自动化的基础上，进一步推动开采理念的变革与创新。通过实现"透明矿井"地质全信息可视化、深地钻探与精确制导、伴生物共采一体化开发、地热利用、地下气化开采等技术，完成煤炭开采技术的拓展与变革，实现近零生态损害的智能化、无人化开采。

2035～2050年：智慧能源系统。主要进行智能化和无人化开采技术的集成与应用，通过对深部开采的应力场、裂隙场、渗流场进行精确探测与可视化，结合井下煤炭流态转化（如制气、制油、发电）的远程智能化控制，完成大型煤矿的智能化和无人化建设，形成煤基多元协同、原位采集一体化以及深地空间利用的智慧能源系统，实现零生态损害的绿色开采目标。

第四章 煤炭环境成本及影响因素

第一节 煤炭环境成本的理论基础

对煤炭环境成本的研究，首先需要借助多学科的研究成果，从各个不同的角度探讨煤炭环境成本问题。煤炭可持续发展理论是进行环境成本研究的前提条件和理论基础，要求人们在发展经济的同时，注重环境保护，解决环境问题。生态环境价值理论是研究煤炭环境成本问题的基础，而外部性与公共物品理论表明，环境问题产生的经济学根源在于环境产权的界定和环境价值的量化。基于环境库兹涅茨曲线的不可避免性理论，指出煤炭环境成本是不可避免的，必须正确核算并将其计入成本中，体现在价格上。生命周期理论为煤炭环境成本核算提供了理论支撑和方法支持。

一、煤炭环境成本的前提——可持续发展

（一）煤炭工业可持续发展的概念

煤炭工业可持续发展的概念界定，应遵循国际上公认的可持续发展定义，同时还要体现煤炭工业的特点。煤炭资源是有限的、不可再生的，从长远来看，是难以实现可持续利用的。因此，不可再生资源的消耗速度应低于寻找可替代资源的速度，而这一速度又取决于科学技术进步的程度。在这种情况下，许多专家学者开始探讨不可再生资源的最佳消耗速度与可持续发展的关系，从不同角度反映了诸多不同的观点。

从经济学的角度看，假设市场是完全竞争的，资源有偿开采，矿权所有人根据边际利润率与市场利率的关系，通过调整资源的耗竭率，可以达到社会

的最大效率。在某种资源逐渐耗竭的情况下，可以通过增加资金投入来进行替代。这种替代的形式可以是不可再生资源之间的替代，也可以是可再生资源与不可再生资源之间的替代，以及资源与其他生产要素之间的替代。替代的原则应当是使资金与自然资源的投入获得最大的产出。

代际公平的观点认为，不同代际之间应均等地消耗不可再生资源。现代人在消耗这些资源时，应以节约和保护资源为前提，并确保不破坏环境。

在众说纷纭且较为模糊的情况下，这里博采众长，并采用描述性方法，将煤炭工业可持续发展的概念界定为：煤炭工业所属矿区的经济发展、社会进步、资源开发利用与环境保护相互协调，并向社会提供清洁燃料、原料及电力。在运用市场机制、依靠科技进步和寻求可替代资源的基础上，调控煤炭资源的最佳耗竭率，使煤炭工业的发展既能满足当代人的需求，又不危及它满足后代人需求的能力。

（二）煤炭工业可持续发展概念的内涵

煤炭工业可持续发展概念的内涵主要包括以下几点：

①既符合国际上公认的可持续发展定义，又体现煤炭工业的特点。

②以矿区为基础，实现矿区的社会、经济、资源及生态环境的协调发展。

③向社会提供洁净燃料、原料及电力。

④在运用市场机制、依靠科技进步、寻求可替代资源的基础上，应调控煤炭资源的最佳耗竭率，以确保在煤炭替代资源尚未出现的历史时期内，煤炭能够持续开发利用。

正如图4-1所示，要实现可持续发展，需要综合考虑煤炭资源的承载力，并在环境容量的限制条件下，实现社会经济的快速发展。

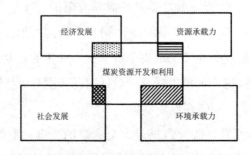

图4-1 煤炭工业可持续发展影响因素示意图

二、煤炭环境成本的基础——环境价值论

环境价值论是煤炭环境成本的基础理论。环境价值是哲学上"价值一般"的特殊体现，包括以下三个方面：人类主体在生态环境客体满足其需求和发展过程中进行的经济判断；人类在处理与环境之间的伦理关系时的判断；以及自然环境系统作为独立于人类主体而存在的系统功能判断。环境价值的表现形式包括环境的功能价值和环境的补偿价值两个方面。

（一）环境功能价值论

功能是环境各种因素的能量集中表现，也是环境价值的集中体现。环境的功能包括环境的质量、效用、能力和有用性。环境的复杂性和多样性决定了环境功能的复杂多样和普遍性。功能价值论从内容上来看，是指环境满足人类需求的效用；在环境的性质上，表现为环境的有用性；从形式上来看，是人类在开发利用环境时对其满足需求的主观感受；从本质上来看，是人与环境之间的使用和被使用的关系。

中国学者于连生提出了自然资源功能价值理论，并在此基础上提出了环境功能价值论。如图4-2所示，污染物浓度增大，环境质量下降，其功能也随之递减。

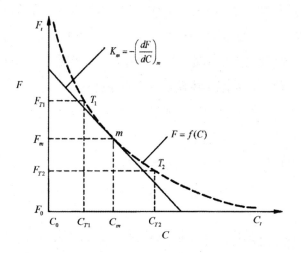

图4-2 环境功能价值与污染物浓度关系图

功能价值计算如下式：

$$V = \frac{b}{Q}\left(-\frac{dF}{dC}\right) \qquad (4-1)$$

式中 V——环境功能的价值；

F——环境的功能；

C——环境的质量；

b——环境的价值参数；

Q——环境的数量。

当环境从状态 T_1 变化到 T_2 时，其功能降低损失为

$$\Delta F = -\int_{T_1}^{T_2} \frac{b}{Q} K \, dC \qquad (4-2)$$

式中 ΔF——环境功能降低或损失的值。

环境功能价值论在指导人们改变高能消费模式、发展低碳经济，以及发展符合生态规律的绿色社会方面具有积极作用。同时，它对煤炭的环境成本控制也具有指导意义。

（二）环境补偿价值论

环境经济补偿是针对人类生产、生活活动造成的环境污染、生态破坏以及自然资源消耗进行的恢复、弥补或替代措施。长期以来，人们受传统观念的误导，在环境问题上未能遵循经济规律，对自然资源进行掠夺式开发和利用，导致自然资源存量持续减少，功能下降。要解决这一问题，必须对环境进行充分补偿。补偿的价值通过费用来体现。从宏观角度看，政府通过税收等方式收取必要费用，然后通过财政拨款等方式进行返还，以补偿或提升自然资源的功能价值。从微观角度看，企业通过核算和管理环境成本，在产品的整个生命周期内，对开采和利用煤炭产生的环境问题进行补偿。然而，由于受到经济技术水平的限制，未能实现完全补偿。如何实现全面补偿，可以通过对环境成本的研究来解决。

环境价值理论是进行环境成本核算与管理的重要基础和方法指导。根据该理论，在进行成本核算时，一方面应将生产过程中的环境因素纳入企业成本，以计算生产总成本；另一方面，在国家进行GDP核算时，也应考虑环境因素，

从而设计出"环境—经济"一体化国民经济核算体系（SEEA核算体系）。在这些核算体系中，由于环境因素难以量化，主要以价值形式进行环境核算，必要时以实物形式作为补充。

三、煤炭环境成本的方法论——环境管理理论

环境管理学以生态–经济–社会系统为研究对象，研究这些子系统之间相互联系、相互影响、相互制约的矛盾运动。环境管理的本质是在系统论、控制论与行为科学理论三大基础理论的基础上，运用各种有效管理手段，调控人类行为，协调经济社会发展与环境保护之间的关系，限制人类损害环境质量的活动，以维护区域正常的环境秩序和环境安全，实现区域社会可持续发展。

环境管理学包括区域环境管理、部门环境管理、资源环境管理、环境质量管理、环境技术管理和环境计划管理等。

运用现代管理学理论、方法和技术手段，为环境管理活动提供理论指导、管理技术与管理方法，如图4-3和图4-4所示。

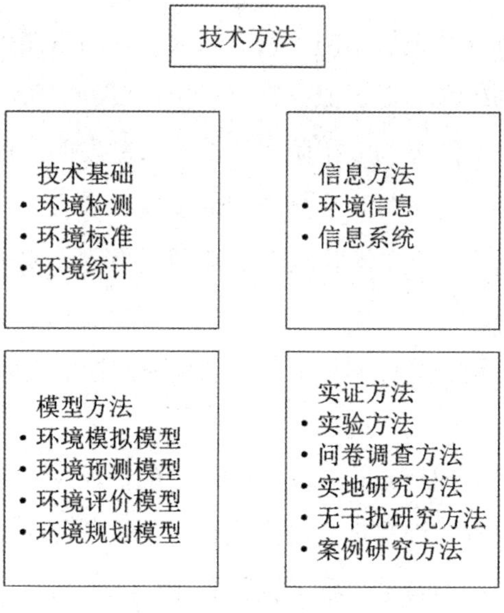

技术方法

技术基础 • 环境检测 • 环境标准 • 环境统计	信息方法 • 环境信息 • 信息系统
模型方法 • 环境模拟模型 • 环境预测模型 • 环境评价模型 • 环境规划模型	实证方法 • 实验方法 • 问卷调查方法 • 实地研究方法 • 无干扰研究方法 • 案例研究方法

图4-3　环境管理学技术方法

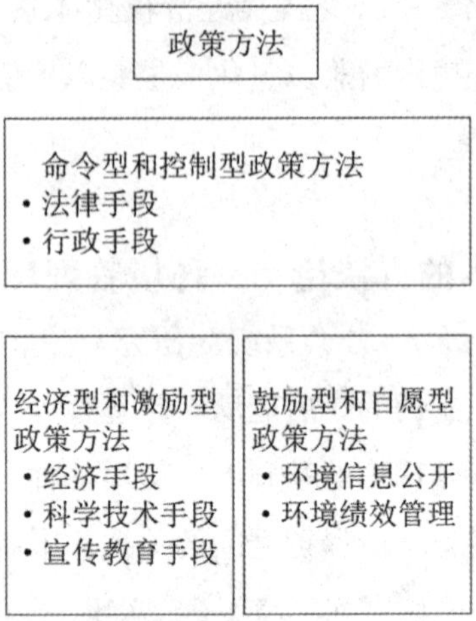

图4-4　环境管理学政策方法

四、煤炭环境成本的周期理论——产品生命周期理论

产品生命周期理论（Product Life-Cycle Theory）是由美国哈佛大学教授雷蒙德·费农（Raymond Vernon）于20世纪60年代在《产品周期中的国际投资与国际贸易》一文中首次系统提出的。费农认为，产品生命周期是指市场上的营销寿命，产品与人的生命周期类似，都要经历形成、成长、成熟和衰退这样的过程。他将产品生命周期分为三个阶段，即新产品发明阶段、产品成长和成熟阶段、产品标准化阶段。经过半个多世纪的发展，费农的产品生命周期理论不断演变，已不再是一个单纯的理论模型，而是具有更多实践意义和多种表现形式的框架。

在各类管理、营销和会计文献中，产品生命周期的内涵有如下几种表述。

（一）市场观

市场观的产品生命周期是指为交换而生产的商品（简称产品）从投入市场到被市场淘汰的全过程，即从产品的产生直到消亡所经历的整个过程。一个产品在其进入市场到退出市场的生命周期过程中，一般可划分为四个阶段：引入期、成长期、成熟期和衰退期。这是产品生命周期理论中的一般模式，属于市场营销学的研究范畴。产品生命周期的市场观是一种收入导向的观点。实践证明，这一理论的广泛应用为制订正确的营销决策（包括产品、定价、分销及促销等各个方面）提供了理论指导，还有助于企业高层管理人员制订正确的企业发展战略和竞争战略。

（二）生产观

从生产者的角度来看，一个产品生命周期的具体环节应该从研究与开发开始，接着是设计、制造（或提供服务）、营销、配送以及售后服务等。生产观强调研发、设计、生产、销售等必要的内部作业，以支持企业的销售目标。这种销售支持同时需要资源投入，因此，可以将产品生命周期的生产观视为一种成本导向的观点。

（三）使用观

产品的使用周期是指自产品购入后经过使用直至废弃的整个过程。在此过程中，用户既是产品的购买者，也是产品的使用者。作为购买者，需要为产品生产周期中所耗费的各种资源和开销买单；作为使用者，需支付产品在使用及报废过程中产生的费用。因此，使用观是一种以顾客价值为导向的观点。

（四）社会观

从社会的角度来看，产品生命周期是指产品经过研发、生产、营销、使用和废弃的一个完整过程。这一过程将战略管理的范围进一步扩展到整个社会，不仅包括企业的生产者和产品的使用者，还涉及企业的其他利益相关者（如股东、雇员、政府和社区等）。要求在社会视角下进行的产品生命周期分析中，蕴含企业承担社会角色的战略意义。因此，产品生命周期的社会视角支持一种以成本效益为导向的观点。

以上四种观点分析了产品生命周期的理论内涵，并归纳出了不同的产品生命周期管理模式。然而，这四种观点下的产品生命周期是一个线性过程，属于传统的产品生命周期模式。这些观点并未涉及原材料的获取与加工，更没有包括产品使用后及废弃后的处置和利用问题。

在产品生命周期理论研究思路的基础上，煤炭环境成本的研究主要聚焦于可持续发展的成本管理程序，即环境经济下的产品生命周期理论。该理论将传统的产品生命周期扩展为"从孕育到再生"的所有阶段，从而形成一个"资源—产品—再生资源"的闭合循环过程。产品生命周期理论为煤炭环境成本的核算和控制提供了理论基础和方法依据。

第二节 煤炭环境问题与环境成本的分类

一、煤炭的环境问题

狭义的环境问题是指"人类活动引起的环境污染与破坏，乃至整个环境的生态退化趋势以及资源、能源面临的枯竭趋势"。广义的环境问题包括因人为原因引起的环境问题和因自然原因引发的环境危机。按照引起环境问题的原因进行划分，环境问题可以分为两种情况：一种是非人类活动引起的环境问题，称为原生环境问题；另一种是由人类活动引起的环境问题，称为次生环境问题。次生环境问题可以进一步分为两类：环境破坏与环境污染。

环境破坏是指由于不合理开发和利用资源，引起的一系列环境问题，如崩塌、滑坡、泥石流、水土流失、土地沙化等，进而导致资源短缺。环境污染主要是指由于人类活动向环境中排放的物质或能量，数量、浓度或强度超过了适用于该环境的质量标准，如排放废气、废水、废渣和各种有害物质和能量，导致环境质量下降，危害人类的生存、发展和生物的正常生长。本书研究的煤炭资源开发利用所引发的环境问题主要是指狭义的环境问题。

从煤炭生产活动的特点来看，资源和环境作为一种"生产要素"参与煤炭的生产过程，这决定了矿区生态环境问题的产生是一个多环节、多因素的复杂过程。所谓多环节，是指环境问题形成于煤炭生产、加工提炼、储运销售和燃烧使用的全过程；所谓多因素，是指环境问题的形成与技术、资金、管理、社会经济发展等多方面有关，产生的背景是全球范围内日益严峻的人口、资源与环境形势。图4-5展示了煤从开采到终端使用过程的一个典型例子，在这一过程中的各个环节都有可能产生各种环境问题。

造成煤炭环境问题的因素，归纳起来主要有以下几种："三废"、粉尘、岩体移动等，如图4-6所示。

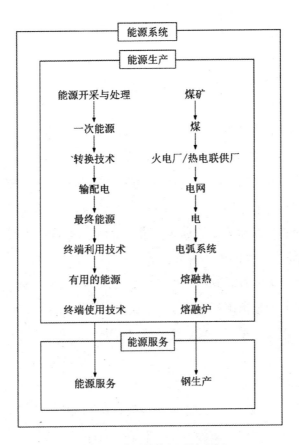

图4-5 典型的能源系统示例

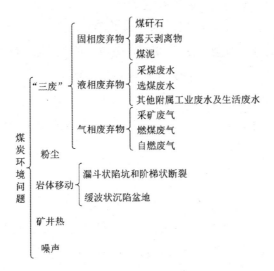

图4-6 造成煤炭环境问题的主要因素

（一）"三废"

1. 固体废弃物

煤矿的固体废弃物主要包括煤矸石、露天矿剥离物、煤泥等，其中对环境影响最大的是煤矸石。

①煤矸石是指在煤矿开采过程中排出的岩石，包括混入煤中的岩石、采空区垮落的岩石、工作面冒落的岩石，以及选煤过程中分离出来的炭质岩等。煤矸石的化学成分主要为SiO_2（含量50%～70%）和Al_2O_3（含量20%～30%），还含有Fe_2O_3、CaO、MgO、TiO_2、K_2O、Na_2O、P_2O_5和V_2O_5等成分。煤矸石的排放量取决于煤层条件、开采方法和选煤工艺等因素。在目前的煤炭开采技术条件下，每生产1吨原煤，会排放0.1～0.2吨煤矸石。

②露天矿剥离物：露天采场内的表土、岩层和不可采矿体。剥离层一般由泥岩、砂岩、灰岩及松散沉积物组成，其中以泥质岩为主。

③煤泥：在煤炭开采、运输、洗选等过程中产生的泥状物质。

2. 废水

煤矿废水主要包括采煤废水、选煤废水及其他附属工业废水和生活废水。

①采煤废水：在煤炭开采过程中，排放到环境水体的煤矿矿井水或露天煤矿疏干水。煤矿矿井水的水质因区域水文地质条件、煤质状况等因素的差异而有所不同。

②选煤废水：在选煤厂的煤泥水处理工艺中，洗水无法形成闭路循环，因此需要向环境排放的部分废水。由于其中含有大量悬浮的煤粒，因此也被称为煤泥水。选煤废水是一种有毒废水，其排放量与选煤工艺和设备有关。

③其他附属工业废水和生活废水：机修厂、火药厂、焦化厂等煤矿附属企业在生产过程中产生的废水。这些废水中含有不同种类和不同程度的有毒有害物质。

3. 废气

煤矿废气主要包括采矿废气、燃煤废气、自燃废气。

①采矿废气：由矿井中排出的废气，其中含有多种有害成分，包括以甲烷为主的烷烃、芳香烃、氢等可燃性气体，以及二氧化碳、氮气等窒息性气体，以及硫化氢、一氧化碳、二氧化硫、二氧化氮等有毒气体。

②燃煤废气：燃烧煤炭产生的废气，其中含有烟尘、硫氧化物、氮氧化物、碳氧化物、碳氢化物等有害成分。这些有害物质的产生量因煤质、燃烧方式和燃烧条件的不同而有很大差异。燃烧1吨煤可产生一氧化碳0.5～45公斤、碳氢化合物0.15～45公斤、氮氧化物1.5～27公斤、醛类0.0025公斤、烟尘1～8公斤。燃煤废气是大气污染物的主要来源，约占大气污染物总量的70%。

③自燃废气：煤和煤矸石在自燃过程中产生的废气，其成分与燃煤废气相同或相似。煤主要由可燃物质构成，煤矸石中也含有一定量的可燃物，它们在特定条件下会因氧化热的大量聚集而自然燃烧。其表现形式包括煤层露头着火、开采地表沉陷露风区着火、地面煤堆和矸石山着火、井下煤壁着火等。据目前的研究结果表明，煤和煤矸石自燃的发生与发展，与煤岩成分、煤化程度、煤的还原性、煤层的地质条件、开采方法、煤和矸石的堆放方式及其条件等诸多因素有关。

（二）粉尘

煤矿的采掘、运输、选煤等生产过程，以及煤炭的利用过程都会产生粉尘。在生产过程中，采掘是煤矿产生粉尘的主要因素。

（三）岩体移动

岩体移动是指在外界因素的影响下，地壳岩体失去原有平衡状态而发生移动的现象。根据地表移动区的形状和变形特点，可以将其分为两类。

①漏斗状陷坑和阶梯状断裂：这类地表移动发生得突然、快速、强烈，危害严重，但破坏范围较小；主要发生在浅部急倾斜煤层采空区和开采深度与煤层开采厚度之比小于20的缓倾斜煤层采空区，以及较大地质构造分布区。

②缓波状沉陷盆地：这种类型的地表移动过程较为缓慢，并且在时空上是连续的，一般影响范围较大；主要发生在深部急倾斜煤层的采空区，以及开采深度与煤层开采厚度之比大于20的缓倾斜煤层采空区。

一般来说，地表移动的最大深度约为煤层开采厚度的70%～80%，但这只有在采空区的长度和宽度均达到或超过开采深度的1.4倍时才可能发生，这种地表移动被称为充分开采塌陷。在某些煤矿，由于开采引起的含水层或流沙层疏干等其他因素的叠加影响，最大塌陷深度可超过煤层开采厚度的1倍。塌陷体积约为煤层采空体积的60%～70%，塌陷面积约为煤层采空区水平投影面积的1.2倍。

二、煤炭环境成本的概念

目前，不少学者在研究煤炭环境成本。例如，高级工程师濮津提出，煤炭企业的环境成本是煤炭生产的一种"附加性"成本，是煤炭企业因占用和消耗环境资源、污染和破坏生态环境而付出的一种代价。然而，濮津并没有明确提出煤炭环境的概念。本书将从煤炭环境成本产生的方面阐述煤炭环境成本的概念结构框架。

（一）煤炭环境成本产生的动因

环境成本主要来源于环境经济系统的内部结构运行。环境与经济的关系主要表现为自然资源的消耗与再生，以及环境容量的污染成本产生。

1. 自然资源的消耗与再生

从成本核算理论的角度来看，煤炭开采和利用的过程对自然资源的消耗构成了生产的资源成本，而在自然资源再生过程中人类投入的劳动，则构成了自然资源的再生成本。

①自然资源的耗减成本：指人们在社会经济生产过程中为消耗自然资源储量所支付的费用。煤炭开采过程中既产生能源，同时也消耗能源（如煤炭、钢铁、电力、水、土地等）。

②自然资源的降级成本：指人们在生产过程中因过度消耗自然资源，导致其质量等级下降所产生的治理费用、资源补偿费用以及降级损失的总和。

③自然资源再造成本：指在自然资源再生过程中，为了改善环境质量，对自然资源进行初始培育和营造所产生的费用。

④自然资源恢复成本：指在自然资源再生过程中，为恢复受损的自然资源功能所产生的各种费用。

⑤自然资源维护成本：指在自然资源再生过程中，为防止自然资源受到破坏、维持自然再生产而产生的各种费用。

2. 环境容量的污染成本产生

所谓环境容量，是指自然环境或环境要素对废弃污染物的最大承载量。污染物的排放量应控制在环境的绝对容量和年容量之内，才能消除或减少污染。

因此，环境污染成本可以定义为：人们在生产和消费过程中向环境排放废弃物，或对废弃物进行再回收利用所产生的各种费用。

①污染物排放成本：指人们在生产和消费过程中向环境排放废弃物，在这些活动中需支付的各种费用。

②废弃物回收利用成本：指人们对废弃物进行挑选、分类、再生处理，并将其转化为可重新利用资源时所支付的各种费用。

③废弃物处理成本：指在生产和消费过程中，对于排放的不可回收或未被回收的废弃物，采用填埋、焚烧或其他处理方式所产生的费用。

归结上述两个方面，各种环境成本之间存在的相互关系为：

自然资源增加量＝增加再生成本

自然资源减少量＝生产过程消耗量减少＋废弃物回收再利用量增加

环境容量保持或优化＝自然资源成本节约量＋治理预防成本增加＋排污费和污染赔偿成本降低量＋治理费用增加＋废弃物回收利用成本增加＋最终废弃物处理成本节约

由以上3式可知，在煤炭可持续发展过程中，对发挥环境成本的功能起到积极作用的是增加废弃物回收再利用成本、预防与治理污染成本、消费过程的治理费用、自然资源再生成本、节约生产耗用成本、消费过程的治理费用和最终废弃物的处理成本。通过环境成本的核算和管理达到可持续发展的目的。

（二）煤炭环境成本的主体和客体

成本具有主体和客体边界范围的界定。日本学者国部克彦对环境成本的范畴进行了分类，如图4-7所示。

构成绿色成本的含义如下：

绿色成本＝企业支出成本＋消费者支出成本＋社会负担成本

煤炭环境成本的主体包括煤炭企业和国家政府，而客体则指在履行环境责任和义务时所涉及的环境成本的核算对象或范围。根据主体的不同，客体的内容也有所区别。以企业为主体的客体指的是企业为实现环境目标和要求所采取的环境保护活动，这些活动会导致环境成本的产生，这与会计学中对企业成本客体的定义基本一致。以国家政府为主体的客体则指政府实施的公共环境保护工程等活动。

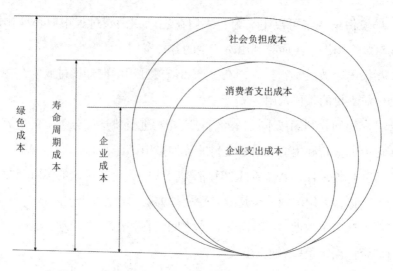

图4-7　环境成本的划分

（三）煤炭环境成本的概念框架

由目标、动因、主体和客体出发，可以推定煤炭环境成本概念的框架。

煤炭环境成本的基本概念是指一个国家在特定时期内，由于开发和利用煤炭所导致的环境资源消耗，以及为维护或恢复环境资源而产生的各种费用。从内容上来看，包括两个方面：一是自然资源的消耗和环境质量的下降所带来的成本；二是为保护环境而投入的经济资源。

煤炭环境成本的具体概念分为两个部分：

①根据是否采用市场交易价格计量，环境成本可以分为市场体系内的环境成本与市场体系外的环境成本。由于环境经济的外部性和公共物品性质的复杂性，现实中以交易价格计量的环境成本，并不能完全补偿煤炭开发利用活动对环境资源造成的损害。部分环境损害的价值游离于市场价格体系之外，因此国家需要采取强制性措施加以改善。

②煤炭环境成本可以分为企业环境成本和社会环境成本。由于环境问题带来的经济影响，使得不同主体在时间和空间上的成本负担与发生成本出现错位。环境介质导致环境经济影响的迁移和扩散，使得环境成本与效益的因果关系难以明确。主体对环境的利用往往构成外部性成本，因此在讨论环境成本时需要从微观和宏观两个方面进行分析。

三、煤炭环境成本的分类

根据煤炭环境成本的概念框架，煤炭环境成本可以分为煤炭企业环境成本和社会环境成本两个方面。本节将分别从这两个方面阐述其具体含义。

（一）煤炭企业环境成本的构成

在现行会计核算制度下，没有对煤炭企业的环境成本进行单独核算，而是将与环境有关的支出和投入归入生产成本、管理成本和销售成本。关于煤炭企业环境成本的构成项目也没有统一的规定，并且在理论上也缺乏专门的研究。目前，煤炭企业实际纳入环境成本管理的项目包括以下内容，如表4-1所示。

表4-1　现行煤炭企业环境费用项目

项目	内容
环境管理费	企业环境管理机构和人员的经费支出及其他环境管理费用。
环境监测费	企业用于环境检测的设备设施、仪器仪表及有关费用。
排污费	国家各级政府"三废"正常排放和超标排放征收的排污费。
环境影响赔偿费	企业因"三废"排放导致的农田损害、农作物破坏和空气污染，对周边农村和居民进行赔偿的费用。
污染现场的清理和保洁费	企业因煤炭储存、运输导致环境污染而进行防治和清理的费用。
地面塌陷赔偿及矿山占用土地复垦支出	
村庄搬迁费	因地下采空需要搬迁村庄引起的土地征购以及村庄搬迁费用。
地下充填费用	防止地表塌陷而需要进行水沙石充填发生的费用。
防治措施费	企业为防治地表塌陷、避免"三废"损害，实现排放达标，保护水源及水系等而投入的工程设施建设费用、运行费用及相关人员费用等。
耕地占用税	
降低污染和改善环境的研究与开发支出	
职工环境保护教育费	
企业实施ISO14000的相关费用	
植树及绿化费用	
与环境有关的其他费用	地方政府环境保护和环境治理向企业摊派的费用。

从目前煤炭企业的煤炭环境成本构成来看，其内容不规范、费用不统一、构成项目不完整。这些问题不利于煤炭环境成本的核算和管理，因此需要对煤炭环境成本的构成内容进行完善和规范。

环境成本的性质在于减少企业收益，从这一点来看，与费用的性质类似。此外，环境成本还体现为企业环境负荷的降低。因此，针对煤炭企业的现状，现行的会计核算模式以成本理论为基础，结合环境资源流转平衡原理，并以企业环境成本构成理论分析为指导，结合会计学家许家林在《环境会计》中提出的环境成本基本框架，形成了煤炭环境成本的构成。

首先，从减少环境负荷的角度出发，煤炭的环境成本可以划分为直接减少环境负荷的环境成本、间接减少环境负荷的环境成本以及由于环境负荷增加所带来的成本。

其次，结合环境资源流转平衡原理，从分析企业环境负荷的原理构成入手，运用环境管理体系标准中的生命周期评价思想，从物质和能源流转的全过程，阐述企业生产经营各阶段（包括废弃物回收）的活动与环境负荷之间的联系。这一原理扩大了对企业环境成本核算范围和内容的认识。根据这一原理，煤炭企业的环境成本不仅仅停留在企业内部活动的生产阶段，而是扩展到企业的上游环节——绿色勘探设计，以及下游环节——环保服务等方面。同时，这也符合扩大制造者责任和产品生命周期两个原理。

最后，以成本与效果的配比原理为标准，环境成本的目标是降低环境负荷，提高环保效果，这是一种环境成本与环保效果的对比性描述。环保效果可以分为环境维持效果、环境负荷削减效果和环境改善效果三类。

以上述三个理论为基础构建了煤炭企业环境成本。

①降低污染物排放的成本是指煤炭企业为了减少向环境排放污染物而发生的成本，主要包括煤矸石、煤层气、废水、煤泥等的处理费用。

②废弃物回收再利用及处置成本：煤炭企业通过减少自然资源的消耗，对煤炭生命周期中产生的废弃物进行回收、再利用和处置所产生的成本。

③绿色采购成本：煤炭企业在采购环节为购入环境负荷较低的设备、耗材、燃料等所产生的额外成本。

④环境管理成本：企业在从事环境保护管理活动中所发生的成本。主要

包括：

第一，对企业职工进行环境教育的成本。

第二，环境管理机构的构筑、运作及环境认证的成本。

第三，对环境负荷监测、记录的成本。

第四，环境保护产品的研究开发成本。

第五，在企业生产经营中为降低和控制环境负荷所进行的的研究开发和方案设计成本。

⑤环境保护社会活动成本：煤炭企业支援矿区社会环境保护活动的成本。

⑥环境损害成本：由于企业自身的原因对环境造成损害所发生的成本。

（二）煤炭社会环境成本的分类

目前，国内对于煤炭社会环境成本的研究较少，主要原因是社会环境成本受环境介质流动带来的经济影响的扩散和转移，以及环境资源的公共品性质，导致经济关系不明确，从而使得社会环境成本的分类非常困难。本书主要从环境统计和环境介质流动的经济影响两个方面进行分类：

按环境统计分类：环境破坏影响统计、公共污染控制设施统计、环境保护支出统计、资源环境税收费用统计。

①环境破坏影响统计：用货币数额来量化环境遭受破坏带来的实际和潜在负面影响，包括对人类健康的损害、经济生产力的下降以及美好自然景观的丧失。

②公共污染控制设施统计：污染治理中的投资支出数，反映社会环境成本中用于污染治理的可资本化金额。

③环境保护支出统计：社会用于环境保护方面的支出。

④资源环境税收费用统计：煤炭资源税、排污税、可持续发展费用等国家政府收取的费用。

按环境介质流动的经济影响分类：资源链环境积累成本、区域环境积累成本。

①资源链环境积累成本：煤炭从开采、加工、流通、消费到回收再生及处理处置的生命周期全过程中，跨越不同行业而被直接或间接消耗和污染治理的环境成本之和。资源链包含的行业越多，其污染程度越大，分析其意义在于判

断产品的环境友好度，进行最终产品的替代分析决策，并为国家宏观产业结构调整提供参考依据。

②区域环境积累成本：以矿区环境保护为目标，旨在降低矿区内环境累积负荷指标，恢复或优化原有环境面貌所花费的成本，包括流域水资源污染治理的累积成本、矿区空气污染治理的累积成本等。

第三节　煤炭环境成本的影响因素及其变化规律

环境成本是一个不断发展的概念。在社会经济可持续发展的前提下，必须从社会、经济、科技、资源和生态环境相互协调发展的角度出发，从对生态环境提供的社会福利能够实现代际公平的时空观出发，坚持生态环境资源的价值观，分析煤炭环境成本的影响因素，从而进一步认识煤炭环境成本的变化规律和基本特征。

一、煤炭环境成本影响因素分析

煤炭环境成本与通常所说的成本一样，由若干成本要素构成，但也有不同之处。在工业企业财务核算中，其成本构成是确定的，而环境成本的构成是不确定的。在构成环境成本的诸多因素中，有些因素是可以定量的，但许多因素是不可定量或难以定量的。

（一）环境承载力对煤炭环境成本的影响

由于环境系统的组成物质在数量上存在一定的比例关系，在空间上又具有一定的分布规律，因此它对人类活动的支持能力是有限的，这一限度即为环境承载力。在过去相当长的一段时间里，环境污染未达到一定程度，人们也未意识到环境资源与其他资源一样是有限的。随着社会经济的发展，环境污染对人类生存的危害日益加剧。一般来说，环境对某种污染的自净能力越强，它对这种污染的承载能力也越大，则环境成本越小。当环境污染超出环境自净能力时，人类就需要为环境治理支付费用，即承担环境成本。环境成本随着污染程度的变化而变化，污染程度越高，环境成本越大，但并不呈线性关系，而是呈曲线关系。环境成本与污染程度的曲线是上凹形的。当环境污染达到某一临界状态时，环境成本趋于无穷大，此时，环境污染造成的损失将是不可恢复的。

（二）科学技术进步对煤炭环境成本的影响

科学技术的发展对环境成本的影响主要体现在两个方面：一方面，科学技术的发展在推动社会经济迅速发展的同时，也带来了日益严重和复杂的环境问题。无论是环境污染还是环境破坏，其影响程度都在加剧，污染和破坏变得越来越难以消除和恢复，清除污染和恢复环境质量的投入也在不断增加，导致社会的环境成本不断攀升（无论是在构成内容上，还是在数量上）。另一方面，随着科学技术的进步，节能技术、清洁生产技术、绿色产品和环境保护技术的不断涌现，也在一定程度上降低了社会的环境成本。

对于煤炭环境成本而言，也表现出这一变化特点。一方面，随着科学技术的发展，大型采煤和掘进机械不断涌现，产生了垮落式、放顶式采煤技术。由于煤炭开采方法的不同，所产生的环境问题也不同。根据武强教授提出的矿山环境问题分类，针对不同的开采方法，会产生不同的环境问题（见图4-8）。治理废气、废水、固体废物所用的设备、工具、原材料和动力等也各不相同，因此其环境费用的构成亦不相同，由此产生的环境成本也不同。不仅如此，随着煤炭产量的不断提高和开采深度的增加，"三废"排放量日益增多，煤炭资源的浪费也越来越严重，对环境的影响和破坏愈加显著。因此，煤炭环境成本随着时间的推移不断上升。另一方面，随着科学技术的进步，煤炭环境污染防治技术和洗选技术日益先进，这些技术的发展将使煤炭环境成本不断降低。

从总体上来说，随着煤炭企业环境保护意识的增强，环境保护的重点逐渐从事后治理向事前预防和事中控制延伸。在科学技术不断进步的背景下，煤炭行业的环境成本将会发生变化。因此，必须将环境成本作为决策的依据之一，选择合理的开采方法和环境保护技术，才能真正达到控制成本的目的。

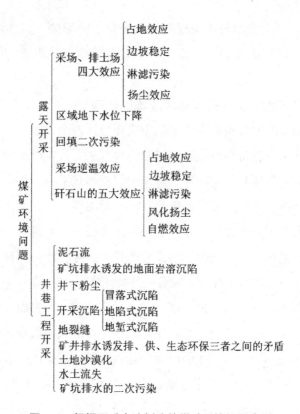

图4-8　根据开采方法划分的煤矿环境问题类型

（三）煤炭资源供应量和能源结构对煤炭环境成本的影响

　　根据相关研究，环境系统的资源供应量（生产量）存在一个临界值，这个临界值就是环境系统的自净能力。在临界值范围内活动，环境系统的资源供应量是无限的；一旦超过临界值，资源供应量则变得有限。此外，随着人类活动空间的扩展和活动量的增加，环境资源供应量逐渐减少，环境质量不断退化，进而危及人类自身的生存和发展。因此，煤炭资源供应量和能源结构对煤炭的环境成本具有直接影响。一般而言，煤炭资源供不应求的程度越大，其在一个国家的能源结构中的比例越高，煤炭产品相对于社会经济发展的"价值量"就越大，社会对煤炭生产活动的限制就越低。在进行社会经济政策选择时，往往以牺牲环境价值为代价来换取煤炭生产的快速发展，这也导致煤炭的环境成本不断增加。

二、煤炭环境成本变化规律分析

从系统论的角度来看，可持续发展是自然生态环境系统与社会经济生产人造系统（即生命参与系统）相互之间的一种制约规律，或复杂大系统的一种过程（历时）结构。因此，依据系统论的协同机制原理，煤炭环境成本的变化是煤炭生产的自然系统与社会经济系统相互作用、相互协调、相互制约的结果，即煤炭环境成本是生态环境系统与社会经济系统相协同的结果。根据协同机制原理，协同性是煤炭环境成本变化规律客观的和本质的要求。也就是说，从实质上讲，煤炭环境成本的变化规律体现了"煤炭生产与生态环境协调发展"，即煤炭生产自然系统与社会经济系统协同发展规律。

对此，可以使用一个非线性动力系统方程（Logistic方程）来描述煤炭环境成本的变化规律：

$$\frac{dx}{dt} = rx\left(1 - \frac{x}{k}\right) \tag{4-3}$$

式中 x——煤炭环境成本；

t——时间；

r——煤炭环境成本的变化率（或增长率）；

k——生态环境系统与社会经济系统所构成的复杂系统的定态值。

式（4-3）有两个定态解：$x=0$ 和 $x=k$。

当 $r>0$ 时，解 $x=0$ 是不稳定的，系统状态稍有变化，x 就会增长，一直到 $x=k$；只要 $x<k$，x 的变化率 $r>0$，x 就会增长；而 $x>k$，$r>0$，则 x 就下降；只有当 $x=k$ 时，x 是稳定的。

当 $r<0$ 时，解 $x=k$ 是不稳定的，$x<k$，$r<0$，x 下降，一直到 $x=0$ 为止；$x>k$，x 就会增长，一直无穷；直到 $x=0$ 时，x 是稳定的。

当 $r<0$ 变化为 $r>0$ 时，系统的稳定状态由 $x=0$ 向 $x=k$ 发生突变，同时在 $r>0$ 时，k 的不同值又使系统有各种不同的变化，从而形成不同的变化规律。一般来讲，决定系统特征的动力学特性如表4-2所示。

表4-2　系统演进的动力学特性

x	0	$[0, a]$	a	$[a, b]$	b	$[b, c]$	c	$[c, d]$	d
$dx/dt = rp(1-p/k)$	0	增加	$rk/6$	增加	$rk/4$	减小	$rk/6$	减小	0
$d^2x/dt^2 = rp(1-p/k) + rp(1-2p/k)$	0	>0	$r^2k/108p$	>0	0	<0	$-r^2k/108p$	<0	0
$d^3x/dt^3 = rp(1-p/k) + rp(1-2p/k) + rp(1-3p/k)$	0	>0	0	<0	<0	<0	0	>0	0
演进阶段		孕育期	持续发展期					期项极	

根据以上分析和系统演进的动力学特性，可以将煤炭环境成本的逻辑增长变化曲线一般性地描述为图4-9所示。

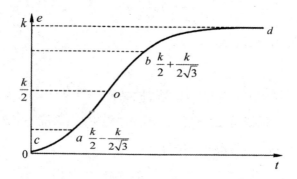

图4-9　煤炭环境成本增长曲线示意图

在投产期、达产初期、壮年期和衰老期，煤炭企业环境成本的增长变化率是不同的。根据煤炭企业环境成本一般性逻辑增长变化规律可以看出，投产期和衰老期的煤炭企业环境成本增长变化率较低，并且基本相同；而在达产初期和壮年期，煤炭企业环境成本增长变化率较高，并且基本相同。由上节论述可知，影响煤炭环境成本的主要因素是社会经济发展水平、科学技术进步程度、环境承载力、矿井开采年限和煤炭资源供求状态。一般而言，社会经济发展水平与科学技术进步程度存在很强的相关性，即社会经济水平越高，科学技术越先进。因此，可以将社会经济发展水平和科学技术进步程度对煤炭环境成本的影响综合为一个因素，即社会经济发展对煤炭环境成本的影响，用公式4-5表示。根据系统演进的动力学特性，煤炭企业环境成本增长变化率可以用下式描述：

$$r = e^x \tag{4-4}$$

对此，可以将煤炭企业环境成本随开采年限变化的规律描述为：

$$EC = LEC \cdot r \cdot I = LEC \cdot e^x \cdot I \tag{4-5}$$

式中 EC——某煤炭企业的煤炭企业环境成本；

LEC——投产初期（一般3~5年）年平均环境成本；

x——矿井服务年限指数（孕育期为1；矿井衰老期为1.3；正常生产期在1~1.3取值）。

煤炭环境成本的影响系数可以用下面的方程表示：

$$I = K_1 \cdot K_2 \tag{4-6}$$

式中 K_1——环境承载力，根据不同环境的实际情况确定；

K_2——煤炭资源供求状态（在煤炭供求平衡或供大于求，并且煤炭在能源结构中的比例低于60%时，取1；其他情况下在1~1.2取值）。

第四节 煤炭环境成本管理

一、环境成本管理

环境成本管理是在传统成本管理的基础上，将环境成本纳入企业经营成本的范围，从而对产品生命周期过程中发生的环境成本进行有组织、有计划地预测、决策、控制、核算、分析和考核等一系列科学研究工作。环境成本管理的目标是优化和协调环境成本与环保效果、经济效益之间的关系，以最小的环境成本投入，获得最佳的环境保护效果和经济效果。环境成本管理的目标主要表现为：①自然资源和能源利用的合理化；②经济效益的最大化；③对环境危害的最小化。传统的环境成本管理方法对于煤炭行业的环境成本管理具有很强的借鉴意义，以下介绍一些常用的管理方法。

（一）基于作业成本测定的环境成本管理

作业成本法（ABC）是以作业为核算对象，通过对作业活动的动态追踪，计量作业成本，评价作业业绩和资源利用情况的一种成本计算和控制方法。作业成本管理（ABM）旨在实现企业的竞争战略，增加顾客价值，基于对作业及作业链的全面分析，利用作业成本核算提供的信息，实施面向企业全流程的系统化、动态化的前瞻性成本管理与控制。ABC是ABM的重要组成部分，为ABM提供最基础的数据支持。由于环境成本起因的复杂性，以作业活动作为成本动因有助于准确判断环境成本的来源，从而更全面地归集环境成本，并对其进行有效地管理和控制。

（二）基于生命周期的环境成本管理

生命周期成本计算（LCC）是一种产品生命周期的会计方法，用于识别、跟踪和描述与产品相关的成本。基于生命周期法的管理和控制，可以将产品整个生命周期中发生的所有成本纳入考量，因此环境成本信息更为可靠，产品成本信息更加完整。

生命周期评价（LCA）是环境经济问题研究中形成的一个概念，主要用于对产品全过程中的环境负面影响进行全面分析和评估，从而将这些影响降至最低。在进行环境成本控制时，需要结合LCC和LCA，也就是说，在产品生命周期的每个环节都要进行综合评价。首先，需要明确在该环节进行LCA的目的和原因；其次，根据已研究的范围，建立该阶段的资源流程图，以便分析产品工艺和生产活动对资源的需求量及排放物的污染程度；再次，确定生产活动对外部环境的影响；最后，通过预测评估环境的潜在影响。通过以上判断和评估，并结合作业成本计算，可以获得更准确的环境成本信息。

二、煤炭环境的成本管理

煤炭环境成本管理是结合煤炭行业的长周期、大风险、地域性、规模受限性、资源丰度决定性等特征，根据国家和国际制定的环境要求，对环保活动发生的成本进行预测、计划、决策、控制和考核等一系列科学管理，以最大化环保效果和经济效益。通过对煤炭企业环境管理现状的分析，进一步说明煤炭环境成本管理存在的问题。

（一）煤炭企业的环境管理现状

现行煤炭企业环境管理的基本任务是：综合运用行政、法律、技术、经济和宣传教育等手段，对煤炭资源开发和就地转化利用过程中可能损害环境质量的企业进行监督指导，协调煤炭生产发展与环境之间的关系，既满足社会对煤炭资源的需求，又不影响和破坏环境，保障煤炭工业的可持续发展，实现社会、经济和环境效益的统一。

煤矿环境管理的基本职能主要包括计划、组织、协调、监督和激励等几项。对于科学的煤矿环境管理，计划是其首要职能。环保计划是对计划期（一般为1～5年）内环保目标和措施所做的规定，是进行其他环境管理工作的依据。组织职能是为了实现计划目标，在行业和企业内建立相应的权力机构和组织体系，明确各级在环境保护中的职责范围和协作关系，从而使整个行业或企业在统一指导下协调一致。

煤矿环境管理主要进行以下六个方面的工作：

①制定和实施环境保护规划和年度计划，包括污染综合防治规划、土地复垦规划、综合利用规划、环保科技发展规划和环保产业发展规划。在计划编制和实施过程中，要将单位生产目标、区域环境目标和污染控制目标结合起来，协调煤炭生产发展与环境保护的关系。

②建立科学的环境管理体制和规范的环境管理程序。健全环境管理机构，合理配备人力资源，使其与环保任务相适应，明确各部门在环保方面的责任、权利和利益，划分决策权限，形成科学而有效的控制协调机制和内部监督机制。

③控制环境污染和生态破坏。应组织对现有污染源进行限期治理，包括土地复垦和矿区绿化工作，严格执行环境影响评价和"三同时"制度，预防新的污染和生态破坏。应发展矿山废弃物的综合利用，不断提高煤炭洗选加工和转化技术，为社会提供清洁能源。

④推广先进的生产技术和污染防治技术，包括提高原材料和能源的利用率；推行清洁生产工艺，实现"三废"资源化，提高污染治理技术水平。制订行业环境保护技术标准和规范，组织和开展环境保护技术交流和科学研究活动。

⑤收集和整理环境信息。开展煤矿环境监测与现状评价，做好环境统计，有目的地进行污染源和环境现状调查，建立环境保护档案，为环境管理科学决策提供可靠的信息来源。

⑥开展环境宣传和环境教育，增强企业全员和全民的环境意识。

（二）完善煤炭环境成本管理的策略

1. 政府环境成本管理

第一，明确界定环境资源的产权。产权是市场经济的基础。在传统的经济体制下，环境长期处于无产权的状态，其后果是没有经济主体主动承担环境损失，导致环境资源被无偿使用。为了引导企业的经济行为，政府需要明确环境产权，并提供更多的产权交易和经济增长空间。

第二，完善环境成本量化方法。目前的环境成本量化方法尚未能为环境资源提供合理的定价，因此需要政府结合生态学、环境经济学、会计学等多方面的知识，建立一支高素质的管理人才队伍，从技术上保障企业对环境成本的核算和管理。

第三，完善环境保护的投融资体制。在环境投资领域，政府应适当加大环保资金的投入；设立环保投资基金；争取国外投资者对中国环保领域的投资；通过证券市场进行融资等方式，完善环保的融资体制。

2. 煤炭企业环境成本管理

由于目前煤炭企业缺乏全面的环境成本管理体系，多数企业的环境成本管理仅限于成本支出的计量和管理，多为"事后控制"方法，并没有考虑煤炭产品生命周期的各个环节。从管理职能上来讲，企业内部通常认为环境成本管理的主体是财务人员和与环境相关的部门，整个企业的环境管理意识淡薄。因此，在进行企业环境成本管理时，首先需要企业的各个主体都具备环保意识。其次，在会计实务中，应设立专门的环保信息机构，收集信息，建立账户，探讨有效的企业环境成本管理方法，以实现可持续发展。

三、煤炭企业环境成本事前控制——环境预评价

煤炭企业环境预评价是煤炭企业环境成本管理的重要组成部分。煤炭企业环境预评价以国家环境规划和环境科学技术政策为指导，针对煤炭行业环境污

染和破坏的特点，对规划期内的环境保护工作进行全面部署，包括制订分阶段的环境保护目标和具体指标；确定行业污染物排放总量控制与削减目标，制订生态恢复与资源综合利用规划；对不同地区、不同所有制的煤矿企业进行分类指导，推广洁净煤技术，推广行业清洁生产技术和最佳实用环保技术；发展行业环保产业，加强环境管理基础设施建设；组织开展治理行业环境问题的科学研究等。

根据煤炭开发建设活动的不同情况，可以将环境预评价分为开采项目评价和矿区环境评价。

单个开采项目的环境影响评价主要是在分析项目可能带来的环境影响的基础上，从项目的选址、规模、实施方案等方面，提出针对该项目的环境保护措施。

矿区环境规划。对于正在生产的矿区，主要目标是解决煤矿生产与生活引起的环境问题，包括污染治理工程规划、土地复垦规划、废弃物资源化规划，以及强化煤矿环境管理的措施和宣传教育规划等。其目的是逐步消除环境污染和生态破坏，改善环境质量，实现煤炭生产与矿区环境保护的协调发展。

对于计划新建的矿区，此类规划应在矿区环境影响评价的基础上进行。规划要贯彻预防为主、污染综合防治与集中控制、资源综合利用等环境保护方针政策，实现矿区经济建设与环境建设的同步规划、同步建设、同步发展。

煤炭行业环境预评价与矿区环境预评价应由环境保护主管部门会同综合规划、计划部门共同制订。环境预评价具有与生产建设规划同等的权威性。

四、煤炭企业环境成本事中控制——清洁生产

（一）清洁生产的含义

清洁生产是指将综合预防策略持续应用于生产过程和产品中，以减少对人类和环境的风险。与粗放型经济的生产方式不同，清洁生产是一种整体预防的环境战略，它将污染预防追溯到源头，并扩展到整个生产和消费环节。

煤炭企业的环境成本事中控制是指在煤炭企业的采选过程中，对各生产环节的环境影响因素进行跟踪监测，以避免不必要的事故损失或罚款成本，尽量控制污染处理系统的运营成本，最终降低煤炭企业的环境总成本。通过推行清

洁生产，可以使煤炭企业的资源得到最合理的开发和利用，减少甚至消除污染物的产生，从而降低日常运营费用，控制环境维护成本，减少环境损失成本。这将有助于缓解环境保护与经济发展的矛盾，改善环境和生态状况，对煤炭企业走可持续发展道路起着至关重要的作用。

（二）煤炭企业清洁生产评价指标

利用指标对煤炭企业的清洁生产程度进行评价，并对评价结果进行考核，可以达到控制煤炭企业环境成本的目的。

科学合理的指标体系是进行系统评价的准确性和可靠性的基础和保证，也是正确引导系统发展方向的重要手段。因此，必须遵循一定的原则。

①针对性原则：指标体系的确定必须针对煤炭企业开采及其对环境影响的特点，并结合实际，因地制宜，适当取舍。

②科学性原则：评价方法应以科学理论为指导，确保其在基本概念和逻辑结构上严谨、合理，能够抓住评价对象的实质并具有针对性。同时，无论采用定性分析法还是定量分析法，都必须是客观的抽象描述，抓住最重要的、最本质的和最具代表性的内容。对客观实际的抽象描述越清楚、越简练、越符合实际，科学性就越强。

③合理性原则：过程合理性评价是将理论转化为实际应用的重要环节，评价过程的合理性是确保评价结果正确的基础，对整个评价具有重要意义。首先，需要确定合理的评价方案。根据清洁生产的目标，确定评价对象、选择评价标准，并提出合理的评价方法。其次，在评价工作实施过程中，要确保收集的评价资料、信息处理与分析的正确性和合理性。最后，对评价结果的总结也要合理。

④实用性原则：实用性原则指的是实用性、可行性和可操作性。指标要简化，方法要简便。评价指标体系要繁简适中，计算评价方法要简便易行，即评价指标体系不应设计得过于繁琐。在基本保证评价结果的客观性和全面性的条件下，应尽可能简化指标体系，减少或去除对评价结果影响甚微的指标。

根据清洁生产的原则要求，指标体系分为定量评价和定性评价两大部分。凡能量化的指标，尽可能采用定量评价，以减少人为的评价差异。评价指标所需的数据应易于采集，无论是定量评价指标还是定性评价指标，其信息来源渠道必须可靠且易于获取，整体操作要规范。

定量评价指标选择了能够共同反映"节约能源、降低消耗、减轻污染、增加效益"等清洁生产最终目标的具有代表性的指标，并创建了评价模式。通过对比企业各项指标的实际完成值、评价基准值和指标的权重值，进行计算和评分，以量化评价企业实施清洁生产的状况和水平。

定性评价指标主要根据国家有关推行清洁生产的产业政策选取，包括产业发展和技术进步、资源利用和环境保护、行业发展规划等方面。该指标用于定性评价企业行为与国家和行业政策法规的符合性以及清洁生产的实施程度。

定量评价指标和定性评价指标分为一级指标和二级指标两个层次。一级指标为普遍性、概括性的指标，包括资源与能源消耗指标、生产技术特征指标、污染物产生指标、资源综合利用指标、环境管理与劳动安全卫生指标。二级指标则是反映煤炭企业清洁生产特点、具有代表性且易于评价和考核的指标。

清洁生产是一个相对的概念，会随着经济发展和技术进步不断完善。因此，清洁生产的评价指标及其基准值也应根据行业技术进步的趋势进行不定期调整。其调整周期一般为3年，最长不应超过5年。

在评价指标体系中，各项指标的评价基准值是衡量该指标是否符合清洁生产基本要求的依据。本评价指标体系确定各定量评价指标的基准值的原则是：凡国家或行业在相关政策、规划等文件中对该指标已有明确要求的，采用国家要求的数值；若国家或行业对该指标尚无明确要求，则采用国内重点大型煤炭企业当年清洁生产实际达到的中上等水平的指标值。此定量评价指标体系的基准值代表了行业清洁生产的平均先进水平。

在定性评价指标体系中，所设置的各项二级指标是目前行业内无法量化或缺乏统计数据的指标。通过对技术装备的先进性以及生产、质量与环境管理水平的认定，客观地反映了企业清洁生产的状况。

清洁生产评价指标的权重值反映了该指标在整个清洁生产评价指标体系中所占的比重。原则上，它是根据该指标对煤炭企业清洁生产水平的影响程度及其实施难易程度来确定的。

五、煤炭企业环境成本事后管理——审计

审计是社会经济发展的需求，是责任委托人与受托责任人之间的经济责任关系。传统审计是由独立的第三方对受托人履行职责的状况进行监督、评价和鉴定，考察其是否能够完全履行受托的经济责任，最终实现财产增值。环境成本审计是经济发展的必然趋势，企业的利益相关者要求企业承担社会责任，保护环境，并由独立的审计部门对其履行环境责任的情况进行检查和鉴证。环境成本审计作为环境成本管理的重要组成部分，发挥着对环境成本的事后管理作用。从环境管理责任的角度看，环境成本审计是审计部门对行为组织的环境管理责任进行鉴证的一项活动；从管理工具的角度看，环境成本审计是环境管理的工具，系统合理地评估与环境相关的组织业绩，并建议采取相应的环境管理措施，以达到保护环境的目的；从审计职能的角度看，环境成本审计是审计组织对被审计组织的环境保护计划或行为的真实性、合法性和效益性进行审查和鉴证的一种监督活动。

煤炭环境成本审计是煤炭环境成本管理的重要组成部分。它由国家审计机构、社会审计组织或煤矿内部审计机构对企业遵守环境法律法规、相关环境项目的财务收支、绩效以及环境保护资金的形成和使用情况进行监督和评价，确保其符合可持续发展要求。

（一）煤炭企业环境成本审计的目标

审计目标是指审计行为所要达到的效果，它受到环境、理论及实践发展等自身条件的影响。煤炭环境成本的审计目标主要在于促进煤炭行业的可持续发展，从而实现社会经济的可持续发展，监督煤炭企业履行环境管理责任，确保环保资金得到合理有效的利用。具体表现为以下五点：

①鉴证和评价煤炭企业的环境保护活动及环保活动信息的真实性、合法性和效益性。其中，真实性包括对防止污染、治理污染以及宣传环保所使用的各项资金收支情况的审查，也包括对企业环境报告的审查；合法性是指对环保资金的筹集和运用及各项环保活动是否合法的审查；效益性是指审查和评价企业所做的环保工作的经济性和效果。

②评价煤炭企业的环境管理机构是否已设置，以及其工作效率如何，从而

揭示影响工作效率的因素，以达到提高整体工作效率的目的。

③监督检查煤炭企业对国家制定的各项环保政策、法规、制度以及国际标准的执行情况，进一步促进环境保护工作的顺利进行。

④评估环境规划和决策的合理性，以及后续经济活动对环境的影响，进一步阐明规划和决策评估的重要性，以促进煤炭企业加强环境管理。

⑤审验煤炭企业的环境报告，鉴定报告的公允性和完整性，帮助煤炭企业选择修改的方式，以报告环境费用、环境责任和环境风险。

（二）煤炭环境成本审计的主体和对象

1. 煤炭环境成本审计的主体

目前，中国环境成本审计的主体主要包括三个方面：国家级、企业级和独立第三方。

国家级主要是指国家审计机关，它们代表国家利益，在《中华人民共和国审计法》的授权范围内，对社会经济活动和国有资产经营活动进行审计。具体包括：重大建设项目的环境影响、环境规划的审计，环保机构的设置及工作效率的审计，环保制度和政策的制定与执行情况的审计等。

企业级主要是指煤炭企业内部的审计部门他们对本单位经济活动中环境影响进行评估以及对环境制度遵从情况进行审计。

独立第三方主要指会计师事务所等独立机构，这些机构受企业委托，对企业经济活动中的环境影响进行审计，并对环境报告的完整性和公允性进行评估，还对环境政策制度的执行情况进行审核。

2. 煤炭环境成本审计的对象

环境成本审计的内容通常从经济活动出发，监督、鉴证和评估环境问题，主要包括环境信息审计和环境管理系统审计。

信息审计是指根据环境成本会计准则和环境成本审计准则或规范指南等基本依据，对以货币表示的、以财务信息为主的定量环境信息载体实施的审计。这包括对会计凭证、账簿、报表及其他相关信息的审计。具体内容涵盖环境资产、环境负债、环境权益、环境收入、环境费用、环境效益、环境投资和环境基金八个方面的审计。

管理系统审计是指为了提高环境管理的效率，依据环境法规、环境制度、环境质量标准和环境成本审计专责或规范指南，对保护环境质量所采取的管理措施、步骤、技术、方法和手段及其形成的文件和指标等非货币、非财务信息的环境管理活动进行审计。具体内容包括：环境法规执行的合法性和合规性审计，以及环境质量管理的有效性审计。

（三）煤炭企业环境成本审计的程序和方法

1. 煤炭企业环境成本审计的程序

现代审计的基本过程是：首先，了解鉴证对象及其业务；其次，评估鉴证对象信息可能存在的风险；再次，应对评估的风险；最后，针对风险实施进一步的程序。根据煤炭企业环境成本审计的特点，应采取以下程序：

首先，确立审计的基本目标：发现风险，提出解决方案，增强环保意识。煤炭环境成本审计的具体目标因每个项目的具体情况而有所不同。需要了解煤炭的基本情况，如产量，利税，生产工艺，技术装备，环境灾害的种类，污染物的产生量、危害性及其处置和达标排放情况、环保设施的技术水平及运转状况等，从而具体了解煤炭环境成本的内部控制情况，并检查成本报表的真实性和信息可靠性。

其次，运用内部控制测试方法，寻找内部控制和生产中的薄弱环节，获取审计证据，并从三个方面对煤炭环境成本进行评价：煤炭环境成本信息是否完备，煤炭环境成本是否合法，以及环境成本是否具有经济效益和效果。

再次，按照预先制定的审计计划具体内容，对环境成本的凭证、账簿和报表等进行抽查，通过核对、审阅、分析、盘存等方式查看报表、账簿、会计凭证和实物之间是否一致。在此阶段，由于煤炭环境成本审计的特殊性，如果采样报告的可靠性不足，需要另行聘请专家或召集有关当事人、相关方等举行听证会，广泛听取意见，进行重新采样和评估。

最后，完成环境成本审计报告。报告通常包括：审计对象、审计目标、专业管理部门的意见等。由于煤炭环境成本审计的特殊性，在环境成本审计报告阶段，除了常规的审计报告工作外，还必须聘请相关工程技术人员和专家，列出相关的审计标准。

2. 煤炭企业环境成本审计的方法

环境审计的方法是指审计人员检查和分析环境审计对象，收集环境审计证据，对照环境审计依据，编写环境审计报告，作出环境审计结论，提出审计意见等各种手段的总称。在煤炭环境成本审计方面，除了运用常规审计工作中采用的审核、观察、监盘、计算、询问、函证、分析性复核等基本方法外，还采用以下方法，以更好地实施环境成本审计。

①环境费用效益分析法：用于分析项目对环境质量的影响，包括环境改善带来的效益和环境破坏造成的损失。

②环境费用效果分析法：在费用效益分析的基础上，选择费用最低且能最大限度改善环境质量的方案。

③环境决策分析法：在环境规划绩效审计时，对最佳方案作出解释和证明。

④风险分析法：分析煤炭环境成本的影响因素，找出敏感因素，确定其影响程度，从而评估风险的影响性。

⑤环境价值评估法：常用的价值评估方法包括市场价值法、替代市场法和调查评估法等。

第五章　煤炭可持续开发与环境控制

第一节　中国煤炭可持续开发

一、基于生态文明的煤炭产业可持续发展研究

（一）基于生态文明的煤炭产业可持续发展相关理论综述

1. 生态文明概述

（1）生态文明的基本观点

生态文明是一种正在生成和发展的文明范式，是继工业文明之后人类文明发展的又一个高级阶段。生态文明的哲学核心紧密围绕着两条基本主线：其一，积极关注人与自然的平衡，寻求人与自然和谐发展的合理性。生态文明最重要的特征是强调人与自然的和谐。其二，努力关注人与人的协调。生态文明倡导认识自然、尊重自然、顺应自然、保护自然、合理利用自然，反对漠视自然、滥用自然和盲目干预自然，致力于人与自然和谐共处。生态文明的经济模式以生态经济平衡为特点，是在保持生态平衡条件下的经济发展。在这种经济模式下，经济系统包含在生态系统内部，而不是强行将经济系统凌驾于生态系统之上。生态文明强调人类整体利益的优先性，倡导全球治理和世界公民理念。在生态文明时代，科学技术成为修复生态系统的助手，不再是人类征服自然的工具。生态文明的重要价值理念是凸显人与自然的整体性及其价值的和谐自然观。

（2）生态文明的标志

①生态经济的发展。在缺乏环境观念的工业化经济增长模式下，经济行为缺乏环境保护意识，甚至仅仅按照供给和需求关系来分析经济发展和指导决

策，以不可持续的方式发展。因此，在处理经济与环境协调发展的重大问题上显得无能为力。生态文明要求经济观念必须从单纯追求经济目标转变为追求经济与生态双重目标。从现代科学技术的整体性出发，以人类与生物圈的共存为价值取向来发展生产力，资源的正确配置与综合利用必须在宏观和微观经济活动中得到落实。

②生态文化的繁荣。生态文化致力于人与自然、人与人之间的和谐关系，以及可持续发展的文化形态。它是人类的新文化运动，是思想观念领域的深刻变革，是对传统工业文明的反思和超越，是在更高层次上对自然法则的尊重与回归，即整体的生态学思维将取代机械论的分析思维。因此，生态文化能够凝聚一个区域、一个民族，甚至整个社会的精神力量，激发公民热爱大自然、珍惜大自然、保护大自然、与自然和谐共生的情感和美感，使公民从"要我为生态经济建设作贡献"转变为"我要为生态经济建设贡献自己的聪明才智和热血汗水"，推动生态文明建设。

（3）生态文明的发展途径

在生态文明发展中，应制订以产品为导向的生态政策。产品的生态责任人不仅包括生产者、产品设计者、产品分配者以及废弃产品的回收处理者，还包括产品整个生命周期过程的参与者。他们都是产品的生态责任人，应承担保护环境的相应责任。此外，应运用生态技术实现废料资源化，防止消耗性污染，推进服务的非物质化（生态化），并采取能源脱碳等措施。同时，应在全社会范围内增强人们的生态责任意识。生态文明的具体发展途径包括：

①转变观念。生态文明利用人与自然协调发展的价值观取代了传统的自然价值观，从而引发了人们世界观的革命。生态文明要求人们从传统思维转向生态思维。生态文明将生态原则和生态意识贯穿于科技发展的全过程。生态文明要求科学技术不仅要认识、利用和改造自然，还要认识和调节人类自身，认识和调节人与自然的关系，以及认识和调节人类活动对自然的影响。

②转变策略。可持续发展从概念到行动已成为全人类的共识。生态化发展并不是限制发展，而是为了更好地发展，这不仅是为了人类，也依靠人类；不仅关注当前，更关注未来；不仅是为了全人类的利益，也是为了所有物种的利益。在发展过程中，人类不能将追求经济效益作为首要甚至唯一的目标，更应

追求生态效率和社会公平，最终实现全面发展。

③转变方式。人类思想观念领域的深刻变革，不仅预示着人类文明已从近现代工业文明转向生态文明，也表明人类将根据自然规律来改革自己的生产方式。对现行生产方式进行生态化改造，是推进生态文明建设的重要手段。生态文明以资源环境承载力为基础，按照节约资源和保护环境的要求转变经济发展方式。

2. 可持续发展概述

（1）可持续发展的内涵和特征

可持续发展是指在人类合理高效地利用自然资源的前提下，在生态承载力范围内，保持生态系统的完整性，维持资本系统的稳定性，维护社会系统的公平性，从而在不断提高人类生活质量的同时，实现生态系统、经济系统和社会系统的协同进化。其中，生态承载力是限制条件，人类需求的满足不能超出地球的生态承载力；生态系统的完整性、资本系统的稳定性和社会系统的公平性是关键因素。其中，生态系统的完整性隐含了生物多样性；资本系统包括自然资本、人造资本和人力资本，其结构可以变化，但资本总量应保持恒定，甚至与时俱进；社会系统的公平性包括代际公平、代内公平和区际公平。协同进化不是自发的，而是人类自觉和有意识进行的广义进化。

可持续发展，从词义上讲，重点在于"发展"，限定态是"可持续"。在可持续发展的系统中，人口、资源、环境、经济和社会这五个要素可以进一步整合为三个要素系统，即生态系统、经济系统和社会系统。在不断提高人们生活质量和环境承载能力的同时，满足当代需求而不损害子孙后代的需求，满足一个地区的需求而不损害其他地区的需求，努力实现生态系统、经济系统和社会系统的协同进化。

（2）可持续发展的内容

可持续发展应当包括"生态的可持续性"。这意味着保持资源基础的稳定，避免对资源系统的过度利用，维护环境的自我净化功能和健康的生态系统。人类需求的满足不能超出地球的生态承载力。

可持续发展应当包括"经济的可持续性"。保持适度的经济增长，使当代人的生活福利和生活质量能够持续提高，同时避免对工业和农业生产造成极端结构性失衡。

可持续发展还应当包括"社会的可持续性"。应全面提高人的素质，实现整体社会的进步。

生态的可持续发展是基础支撑，没有生态的可持续发展，就不可能有经济和社会的可持续发展。经济的可持续发展是动力中介，没有经济的可持续发展，就不可能有社会的可持续发展，对生态系统的维护、保护和建设也将难以为继。社会的可持续发展是目标结构，是人类发展的终极目标。

（二）煤炭产业可持续发展可行性分析

1. 煤炭产业可持续发展的技术支撑体系

（1）清洁生产和环保处理技术

矿井水净化及资源化成套技术。矿井水由井下排水泵提升至地面预沉调节池，经过水质均化和水量调节后，由提升泵输送进入水力循环澄清池，并在泵前加入混凝剂，泵后加入絮凝剂。混合后的矿井水在水力循环澄清池内经过絮凝反应和沉淀处理，出水自流入重力式无阀滤池，过滤后的出水浊度在3度以下。经过消毒处理后，出水可用于煤矿消防、绿化、冲洗、矸石山洒水，以及井下防尘、注浆等生产和生活用水，替代地下水。

气动脱硫技术。生石灰经化灰机消化后，流至石灰乳池，由石灰乳泵将脱硫剂输送到脱硫塔进行脱硫反应，将未完全反应的脱硫剂通过循环泵继续使用。同时，鼓入空气使亚硫酸钙氧化成硫酸钙。整个流程可以由微型计算机操作，也可以在现场分散操作脱硫反应过程。

（2）废物再利用技术

煤泥和煤矸石发电技术。将选煤厂生产过程中排放的煤泥和煤矸石，通过专用的燃料输送系统送入锅炉燃烧。锅炉产生的蒸汽进入汽轮发电机组做功发电。根据燃料供应情况，煤泥和煤矸石可以单独燃烧，也可以按一定比例混合燃烧。

煤矸石烧结砖生产技术。与黏土相比，煤矸石的物理性能和化学性能较为复杂，对制砖影响较大。煤矸石具有一定的热值，煤矸石烧结砖正是利用了煤矸石的这一特性。首先，通过外部因素将窑体内的温度提高到煤矸石的燃点，待坯体进入窑体后，利用坯体自燃进行烧制，实现了"制坯不用土、烧砖不用煤"的环保目标。

2. 煤炭产业可持续发展的管理机制

理顺煤炭管理体制，切实加强煤炭行业管理。在国家层面，需要建立统一、高效、权威的行业管理体制，组建能源部，并成立国家煤炭工业总局。在地方政府机构改革中，应根据各产煤省的具体情况设置不同形式的煤炭管理机构，配置必要的人员，以加强行业管理和协调。设立或恢复专门的煤炭管理机构，配备专门的煤炭管理人员，明确其在煤炭行业标准、发展规划、科技进步和生产安全等方面的管理职能。

站在煤炭工业发展战略的高度，努力提升煤炭工业的科学化发展水平。要提升煤炭工业发展的科学化水平，就必须以转变发展方式、加快煤炭工业结构调整为主线，建设大型现代化煤炭基地，培育和发展大型煤炭企业集团；以企业为主导，深化产学研结合，更新和强化科技，提高自主创新能力；高标准、高水平地建设大型现代化煤矿和安全高效矿井，淘汰落后产能，提高单井规模；建设生态矿山，促进煤炭资源的开发、矿区生态资源的保护和区域经济社会的协调发展；强化责任意识，确保煤矿安全投入，强化安全现场管理和职工教育培训，加大事故隐患排查与治理工作的力度；深化煤炭的市场化改革，促进煤炭上下游一体化发展，扩大对外开放水平，使企业"走出去"的战略稳步推进。

切实加强煤炭需求预测管理，控制煤炭消费总量。要认真开展区域煤炭消费总量控制试点工作，设定区域煤炭消费量上限。要切实加强煤炭需求预测管理，加大结构调整力度，减少高耗能产业的比重。

推进煤炭基础理论与关键技术研究，努力提高煤炭生产力的总体水平。要加强煤炭基础理论研究，并继续在人员编制、科研经费等方面对煤炭科学研究机构给予支持。要重点加强煤矿围岩支护与相互作用机理、煤与瓦斯突出机理、冲击地压和千米深井建设、开采动力现象等基础理论研究。要鼓励大型煤炭企业与高等院校、研究机构共同组织开展技术攻关和新技术推广。要重点推广充填开采、保水开采、煤矿热能转换系统开采等绿色开采技术，以及瓦斯预抽羽状孔施工技术和深部矿井热害防治技术等。要支持开展煤炭机械装备研发，加快推进煤机装备的国产化。

二、中国煤炭持续高效开发的对策

（一）中国煤炭资源可持续开发的资源保障与对策

1. 实行限制性煤炭开发战略

真正实现煤炭的可持续开发，除了考虑市场需求外，煤炭的开采规模和速度还必须与国家或区域的环境承载力相适应。综合考虑市场需求、经济效益、社会效益和生态效益，在环境容量许可范围内调控煤炭开采规模，实行煤炭开发总量控制，既满足当代人的需求，又不危害后代人的生存和发展，实现由"有水快流"向"细水长流"的转变。在保障能源安全的同时，不对粮食安全、生态安全、社会安全和社会经济的可持续发展造成危害。根据环境承载力的地域差异统，筹安排煤炭区域开发时序，以节约资源并提升煤炭生产的整体效益。

目前，关于在环境容量许可范围内确定煤炭开采规模的学术研究，已经开始逐步深入探讨。在煤炭开发战略制订、政策引导、宏观调控等方面亟需落实。这将有利于从源头上真正保障煤炭的可持续开发，有利于维护煤炭企业、国家和全社会的长远利益。

2. 解放受到水威胁的东部煤炭资源

解放受到水威胁的东部煤炭资源是稳定煤炭产量的一项特别重要的措施。北方石炭二叠纪含煤岩系是中国最主要的含煤岩系之一。东部许多重要的矿区都开采石炭二叠纪煤系，但石炭二叠纪煤田中下组煤的开采普遍受到底部岩溶水的威胁。这些受到水威胁的矿井具有重要的战略地位，产量也很高。如果这些老矿区或矿井中下组煤的开采问题不解决，矿井的持续生产和煤炭的产量稳定就无从谈起；一些新区（井），如果其底板岩溶水得不到有效防治，也将危及煤炭资源的正常开发。由于开采深度的增加和底板水头压力增大等原因，一些原来没有底板岩溶水害的矿区也将相继出现水害。例如，山西的许多矿区，如果不"未雨绸缪"，将会影响今后煤炭的正常开采。

除了北方底板岩溶水害之外，南方的岩溶水害问题也较为突出。二叠纪龙潭煤系是南方主要的含煤地层，对当地国民经济建设具有重要作用，它具有明显的地理优势，是煤炭工业协调发展的重要组成部分。

中国东部还有许多新生界下的隐伏煤田，煤层数量多且倾角缓和。以往在开采浅部煤层时，通常采用留露头防水煤柱的方法，煤柱高度约为60~80米，仅露头煤柱压煤在中国东部地区就可达约50亿吨。如果能够释放出这些煤炭储量的一部分或大部分，将对提高矿井生产效益和缓解东部地区煤炭资源不足起到重要作用。根据现有资料的分析研究，这种可能性是完全存在的，可以通过增强矿井排水能力、缩小煤柱尺寸、采区疏干等综合措施来解决。然而，首先需要做好水文地质工作，查明水文地质条件。

3.合理利用西部煤炭资源

①受水资源贫乏的制约，西部煤炭资源开发必须对矿区和当地经济发展中的用水进行全面规划，做好矿井水资源管理。不仅在中国北方，即使在南方的贵州、云南东部等地，也有许多矿区仍然存在供水问题。因此，做好煤田水文地质和矿区水资源勘查工作至关重要。

②保护矿坑水质，提高矿井水综合利用率。妥善处理保水采煤、水资源合理开发利用、生态环境保护等各种问题，才能保证区内煤矿建设的正常进行。

③加快研发和推广西部矿区煤炭资源与环境协调开采技术。

（二）煤炭可持续开发的环境对策

1.煤矿区环境治理目标

力争到2030年，实现采煤塌陷及挖损土地的治理率达到当年塌陷面积的80%；煤矸石的利用率及处置率达到当年排放量的100%，其中利用率超过90%，基本消灭煤矸石堆；煤矿矿井水的利用率达到80%；瓦斯利用率达到70%。基本实现煤矿区塌陷地的充分治理、"三废"的充分利用和无害化处置，达到矿区生态安全的环境友好型煤炭开发目标。

2.煤矿区环境治理对策

（1）推广绿色开采技术

"绿色开采"的内涵是遵循循环经济中绿色工业的原则，形成一种与环境保护协调一致的模式，努力实现"低开采、高利用、低排放"的开采技术。从广义资源的角度来看，矿区范围内的煤炭、地下水、煤层气（瓦斯）、土地、煤矸石以及在煤层附近的其他矿床，都应该是该矿区的开发和保护对象。煤矿绿色开采及相应的绿色开采技术，就是要从广义资源的角度来认识和对待煤、瓦斯、水等所有可利用的资源，其基本出发点是防止或尽可能减轻开采煤炭对环境和其他资源的不良影响。

根据煤矿中土地、地下水、瓦斯以及矸石排放等情况，绿色开采技术主要包括以下内容：水资源保护——形成"保水开采"技术；土地与建筑物保护——形成"充填开采"技术；瓦斯抽放——形成"煤与瓦斯共采"技术等。要深入研究和推广应用绿色开采技术，最大限度地从源头减少矿区环境污染。

①继续大力推广煤矸石充填技术，利用煤矸石进行巷道和采空区的充填，这不仅提高了巷道的支护强度，还能减少煤矸石出井后对地面环境的污染。同时，研发井下巷道及采空区的新型充填材料，以有效防止地表下沉。

②在矿井浅部煤层采用房柱式与条带式采煤法，同时对其他煤层进行间歇式开采和煤层配采，尽最大努力在开采技术方法上防止地表下沉。

③进一步研究提高气体质量的技术、井下煤炭与瓦斯的协调开采配套技术以及煤矿瓦斯利用技术等。

（2）拓宽塌陷地利用途径

目前，中国对塌陷地的治理方向主要包括：复垦为耕地，利用塌陷区的积水面发展水产养殖，发展塌陷区生态农业，复垦为建筑用地、休闲游憩用地、生态涵养型湿地等。应因地制宜，拓宽塌陷地的利用方向。例如，淮南提出利用淮河沿岸的塌陷地进行防洪蓄水。尽量推行多用途、协调共进的塌陷地利用模式。

中国的土地复垦率整体仍然较低。为了提高塌陷地的综合治理水平，应借鉴其他国家的经验，将复垦土地作为循环经济的重要环节。统筹安排复垦工作，要做到以下几点：①建立健全的法规。②设立专门的管理机构。③明确资金来源渠道。④将生态恢复重建纳入采矿许可证制度。⑤实行生态恢复重建的保证金制度。⑥制订严格的生态恢复重建标准。⑦重视科学研究和多学科专家的参与合作，成立专门的学术团体和研究机构。⑧完善矿山关闭管理程序。

此外，还需重点推动和研发解决以下问题的技术：①结合不同塌陷的影响，研究并推动塌陷地复垦的公众参与制度以及塌陷地产权管理方法。②提高采煤塌陷的预测精度，重点解决山区、厚冲积层、深部开采、高强度开采等复杂条件下的采煤地塌陷预测问题。③革新现有塌陷地复垦技术，重点解决煤粮复合区、山区、生态脆弱区等不同特征区域的塌陷地复垦技术，探索无污染的充填复垦技术工艺与设备。④研究塌陷地动态预复垦技术，解决塌陷地土壤资源的保护和及时复垦问题。

3. 相关保障措施

（1）完善机构设置，加强指导与监管

煤炭开发对环境的影响深远，环境的修复关系到各方利益，涉及诸多领域，是一项复杂的社会系统工程，单靠一个部门无法完成。因此，建议国家成立相应的专门机构，协调煤炭、土地、环境、水利、电力、农业等各部门，指导、监督煤矿企业和地方政府落实矿区环境修复工作，并实行严格的目标责任制，使环境修复工作有组织、有步骤、有计划地向前推进。

（2）建立矿山关闭规划的编制、管理与实施体系

建立矿山关闭规划的编制、管理与实施体系，可以最大程度地完善矿区的生态修复工作，预防、控制或消除采矿对矿区自然、社会和经济等方面造成的影响，从而构建稳定、和谐的矿区可持续发展战略。具体建议如下：

一是遵循"围绕关闭而开采"的理念，对从勘探、设计、建设、开采到实施关闭等矿业开发生命周期各环节的环境保护和修复任务做出明确规定，确保矿山关闭后给后代留下的是福利而不是危害。

二是将矿山关闭规划作为煤炭开发项目整个生命周期中重要的有机组成部分，形成完善的矿山关闭规划体系，并制订矿山关闭规划的编制标准或规范。

三是完善矿山关闭规划的实施过程，从政策法规、制度、经济奖惩、舆论机制等方面引导企业自觉履行矿山关闭的义务。若企业未能完成矿山关闭规划规定的任务并且未能成功实施矿山关闭，除予以不返还土地复垦保证金等经济处罚外，还将不允许其获得新的矿山开采许可权。

第二节　煤炭可持续开发与利用的环境控制

一、煤炭可持续开发与利用的环境控制政策

（一）可持续发展的煤炭环境政策体系

实现经济和社会的可持续发展是保持经济、能源、环境协调发展的基本要求。煤炭作为中国能源的主体，在今后相当长的时期内，其主导地位不会发生根本性的变化。然而，煤炭开采、加工及利用过程对环境造成的压力日益增大，如何实现煤炭的可持续利用已成为中国能源战略面临的严峻问题。

为解决煤炭行业可持续利用的问题，煤炭行业应根据国家产业经济调控政策的导向，立足于转变经济发展方式，将煤炭工业发展的重点放在资源的高效开发、清洁利用、环境保护以及加快推进可再生能源发展上，深入研究和探索相应的对策及措施，采取政策引导、经济激励及技术支持等多种手段，促使煤炭工业与环境保护全面协调、可持续发展。近年来，依据中国能源资源"富煤、缺油、少气"的特点，确定了"以煤为主，多元发展"的能源方针，相继制定了一系列重大扶持政策和措施。特别是为加强煤炭资源的高效开发和清洁利用，采取了积极有力的经济政策，引导和推动煤炭行业迈入可持续发展的轨道。目前，煤炭行业已逐渐呈现出稳定健康的发展趋势。

1. 煤炭行业环境保护政策评价

目前，中国涉及煤炭行业环境保护的相关法律主要有：《环境保护法》《大气污染防治法》《环境影响评价法》《节约能源法》《循环经济促进法》《清洁生产促进法》《煤炭法》《矿产资源法》《水土保持法》和《土地管理法》等。相关行政法规包括：《国务院关于促进煤炭工业健康发展的若干意见》《土地复垦规定》等。相关部门规章及标准包括：《煤炭工业环境保护暂行管理办法》《煤炭工业污染物排放标准》《煤炭工业清洁生产标准》《环境影响评价技术导则——煤炭开采工程》等。其他相关环保政策包括：《煤炭产业政策》《关于印发煤炭工业节能减排工作意见的通知》《关于印发煤矿瓦斯治理与利用实施意见的通知》《燃煤SO_2排放污染防治技术政策》《关于开展

生态补偿试点工作的指导意见》《国家实施洁净煤技术发电优惠政策》等。

从上述法规政策体系可以看出：中国煤炭行业的环境保护政策贯穿于煤炭开采、加工及利用的全过程，主要涉及生态环境保护、大气污染防治及温室气体减排三个领域，其特点是"涉及多个产业环节及多个环境问题"。

2. 煤炭行业环境保护政策框架

煤炭行业的环境保护政策框架体系应贯穿于煤炭产业生命周期的全过程。需要加强各种法规政策的衔接性和可操作性，同时注重利用环境经济、技术激励、经济激励等手段，为各种政策的落实提供良好的外部环境。一个完备的环境保护政策框架需包括政策引导、技术鼓励、经济激励三个层面。为有效落实煤炭行业的可持续发展，构建完善的环境保护政策框架体系，应着重从以下几方面入手：

（1）大力推广洁净煤技术，走煤炭清洁利用之路

洁净煤技术是指在煤炭从开发到利用的全过程中，旨在减少污染排放和提高利用效率而使用的加工、燃烧、转化和污染控制等新技术的总称。洁净煤技术已成为当前国际能源环境高技术竞争的重要领域。通过洁净煤技术，可以有效提高能源效率，实现煤炭的清洁燃烧和利用，解决煤炭导致的各种环境污染问题。目前，欧洲，特别是德国，在选煤、型煤加工、煤炭气化和液化、循环流化床燃烧技术、煤气化联合循环发电、烟气脱硫技术等方面取得了显著进展。

面对中国未来能源和环境问题的挑战，发展洁净煤技术是一个现实的选择。经过短短几年的发展，中国煤炭行业的洁净煤技术市场已经初步形成。然而，由于现行体制的限制，发展过程中仍存在多头管理和无序竞争的问题。因此，需要加大管理力度，将市场机制融入国家洁净煤发展的整体环境，并与产业结构调整和经济总体发展相结合，从经济、资源、环境等多个方面着手，建立完整的洁净煤发展思路和体系，推动其全面发展。为此，需要从以下三个方面着手：

第一，要加强宏观领导与协调。国家应进一步发挥导向作用，将洁净煤技术的发展与各地区、各行业的发展计划结合起来，从宏观上合理布局，并在政策、技术推进和资金方面给予支持。

第二，应通过技术、金融及税收等政策引导企业应用洁净煤技术。这些政策包括：①技术引导政策。通过提高排污标准和加大排污罚款额度，促使煤炭消费者选用洗选煤、固硫型煤、固硫配煤等洁净煤。对于水煤浆、煤层气等环保、节能型新产品，可享受高新技术产业和环保产业政策，使洁净煤技术的使用者能从国家政策或市场上获取经济效益。②金融或税收优惠政策。在金融方面，国家应对洁净煤产业化项目提供低息贷款、企业科技创新贷款、环保产业贷款、高新技术产业贷款等多方面的支持，并对洁净煤技术基础研究、科技攻关及示范项目的立项和经费予以支持；在税收方面，国家应给予优惠政策。鉴于洁净煤技术在环保、节能、资源综合利用等方面的重大社会公益作用，国家应给予差额征税、过渡性减征、免征等税收优惠政策，鼓励广泛应用洁净煤技术。

第三，加大洁净煤技术示范工程的宣传力度。通过示范工程的宣传，使社会各界充分意识到，推广应用洁净煤技术不仅可以获得良好的经济效益，还能为社会创造巨大的环保效益。

（2）建立有效的煤炭行业环境监管机制，加强环境执法

对煤炭开发利用过程中产生污染的环节应进行全过程监管，将清洁生产和循环经济理念纳入煤炭工业的整个产业链。鼓励煤炭企业发展上下游产业，实现煤炭-电力、煤炭-化工、煤炭-建材等稳定的产需衔接，推动循环经济，走可持续发展道路。

严格执行煤矿建设与煤矿环境保护设施的设计、施工与投产使用的"三同时"制度。新建煤矿必须充分考虑水土保持、土地复垦、地质灾害防治和地质环境影响，采取生态环境保护措施，避免或减少对大气、水、耕地、草原、森林、海洋等的不利影响和破坏。限制高硫煤矿建设，限制在地质灾害易发区开采煤炭资源，禁止在地质灾害危险区开采煤炭资源。

加强对煤矿"三废"治理的监督管理。严格按照国家规定的标准控制废气排放，加大对煤矿有毒有害废水、污染物的监督治理和查处力度。

提高燃煤排污收费标准。目前的排污收费普遍较低，无法覆盖环境治理成本和环境污染损失。因此，必须积极运用市场机制，鼓励污染物减排，并推动排污权交易制度的实施。

加强煤矿企业的环境指标监测与污染排放监督。对煤炭企业必须加强日常监管，并通过舆论监督等综合措施完善环境管理。

（3）节能，提高能源效率

节约能源和提高能源效率是中国国民经济发展的长远战略方针，也是减少污染物和控制温室气体排放的迫切需要。中国应进一步明确实现节能降耗的目标任务和总体要求，调整和优化经济结构，推进重点节能工程，加快发展循环经济，促进技术开发和推广，完善政策激励和约束机制，增强全民节能意识。具体措施包括：首先，坚持开发与节能并重，将节能放在首位，依靠科技进步和创新，推广先进的节能设备、工艺和技术；其次，强化科学管理，减少煤炭生产、流通和消费等环节的损失和浪费；最后，制订有利于节约用煤的经济政策和技术标准，加强节能法治建设，实施全面、严格的节能措施，在全社会形成节约用煤和合理用煤的良好氛围。

（4）坚持煤炭行业环境保护投入机制，实现煤炭清洁生产及利用

加大财政支持力度，按照"谁开发，谁保护；谁污染，谁治理；谁破坏，谁恢复"的原则，加强矿区生态环境和水资源保护，以及废弃物和采煤沉陷区的治理。利用国家"三高一优"等政策，大力扶持老矿区的技术改造，通过结构调整和技术进步，提高清洁生产水平。逐步建立以煤炭企业为主的环境治理投资机制，鼓励社会资金投入，加大对废弃煤矿和老煤矿生态环境恢复治理的力度。限制开采硫分超标的煤炭，鼓励有序开发利用优质煤炭。制订政策，严格煤炭使用标准，最大限度地减少直接燃烧原煤。以综合利用为重点，以增效减污为目的，扩大煤矸石、矿井水和焦化煤气的利用领域，实现清洁生产和清洁利用。

（5）完善能源市场竞争机制，消除煤炭环保工作的市场瓶颈

中国的能源与环境问题，除了资源方面的原因外，最主要的问题是市场问题。政府应该着力研究合理的成本价格体系，综合反映环境污染和资源稀缺性，体现政府导向，同时清理市场中的不正当和不公平竞争，包括大煤矿与小煤窑的竞争、洁净煤与高污染煤的竞争、煤炭与清洁能源的竞争等。只有消除这些不正当和不公平的竞争，才能建立起公平合理的市场秩序，真正实现政府改善环境、治理污染的意愿，并为洁净能源技术和可再生能源技术的发展铺平

道路。

（6）改善能源结构，大力发展可再生能源

改善"以煤为主"的能源结构，关键在于开发可再生能源。一次能源可以进一步分为可再生能源和非可再生能源两大类。可再生能源包括太阳能、水能、风能、生物质能、波浪能、潮汐能、海洋温差能等，它们在自然界中可以循环再生。可再生能源是一种清洁能源，对环境污染极小，甚至可以说是零污染。目前，中国在可再生能源的开发利用上仍处于起步阶段。

可再生能源发展的主要问题在于：国家在开发方面的投入力度较小，与其他能源开发投资相比几乎可以忽略不计；优惠政策较少，导致开发积极性不高；技术不够成熟，开发成本较高。国家应对可再生能源开发给予优惠的激励政策，如优先并网、提供环保补贴等。同时，应加大投资力度，支持可再生能源的科研与开发，实现可再生能源开发设备的国产化，从而降低投资和生产成本。合理运用石化能源环境税收和污染收费所得资金，一方面用于环境治理；另一方面用于支持可再生能源的开发。

（二）实施基于排放总量的煤炭消费总量控制

煤炭加工和利用过程是中国大气污染物的主要来源。减少煤炭消费量是控制大气污染的根本途径，也是以较低成本实现多种污染物综合控制的有效方法。从中远期来看，当SO_2和NO_x等污染物治理技术发展到一定水平后，酸雨和城市空气污染问题将基本解决，温室气体排放控制将成为煤炭消费的主要制约因素。从近期来看，煤炭消费的主要约束条件仍然是SO_2和NO_x排放总量的控制。

1. 大气污染物排放总量控制目标趋势

（1）中国大气环境容量分析

随着中国能源消费总量的持续增加，SO_2和NO_x的排放量也在持续增长。然而，自然环境能够承受的污染物总量是有限的，因此人类活动必须保持在环境承载力的极限之内。

环境容量又称为环境承载力。某种污染物的"大气环境容量"可以理解为：在一定区域范围内的空气中，该种污染物的产生和清除达到了平衡，并且生活在此范围内的人类和生物不受伤害。在这种情况下，大气环境所能容纳的污染物的量就是该区域的大气环境容量。一定区域内的大气环境容量与大气自身的清除能力（也称自净能力）有关，这主要涉及由自然和气象条件决定的扩散、沉降、清除、转化等过程。同时，也与一定区域内污染物排放源的分布结构以及人类和生物正常生存对环境的要求有关，这取决于一定的社会发展水平。在实际情况下，人类和生物不受伤害的标准一般可以采用该污染物的平均浓度低于某个给定的浓度限值（环境质量标准），或者采用由大气沉降到地面生态系统中的污染物量低于临界负荷来表述，即用酸沉降临界负荷来表示，它基于酸沉降的环境承载力。

作为一种自然资源，环境容量是有限的，人类的活动必须保持在环境承载力的极限之内。基于环境容量的总量控制是在科学测算区域大气环境容量的基础上制定的，因而要求根据环境容量因地制宜地制订污染物排放总量控制计划。这样既能充分利用环境容量资源，又可以通过最大限度的经济手段控制污染物排放，有效且有针对性地实现改善大气环境质量的目标。大气环境容量的分析为制订和完善大气污染物控制制度提供了依据，因此必须对SO_2和NO_x的环境容量（基于酸沉降临界负荷、环境质量标准）进行分析。

生态系统的酸沉降临界负荷是指：不导致对生态系统的结构和功能产生长期有害影响的化学变化的情况下，生态系统能够承受的酸性化合物的最高沉降量。当酸沉降量超过临界负荷时，生态环境就会遭到破坏。为了防止酸沉降的危害，需要制订一个控制标准，以确定酸性气体排放的削减量，这个标准称为酸沉降目标负荷。目标负荷定义为政策允许的负荷。根据目标负荷值制订排放量的削减方案，这是实现区域沉降目标的基础。

酸沉降临界负荷是从保护生态系统角度提出的一个定量的酸沉降上限，它与实际的控制目标不完全等同。酸沉降临界负荷是生态系统的固有属性，与当地的土壤、植被、气象、水文等条件有关，生态系统的敏感性决定了系统的临界负荷大小。目前，提出的临界值往往要求过于严格，难以达到。实际控制中，目标负荷的确定还需综合考虑当地的社会经济水平和需要重点保护的对象等因素。然而，临界负荷为控制目标的确定提供了重要的科学依据，可以根据临界负荷的估计值来确定目标负荷。

土壤酸化是环境酸化的核心环节，保护土壤对于保护整个生态系统具有特别重要的意义，因此常以土壤的酸沉降临界负荷作为整个生态系统的酸沉降临界负荷的代表。经过多年的研究，学者们利用稳定状态质量平衡法确定了中国土壤的硫沉降临界负荷和氮沉降临界负荷，为中国的酸沉降和SO_2、NO_x排放控制提供了科学依据。

在地理信息系统的支持下，利用稳定状态质量平衡法得到0.1×0.1的中国土壤硫沉降临界负荷图。根据硫沉降临界负荷，可以粗略地将中国划分为东南和西北两部分，其分界线大致与400毫米等降水量线重合。除了辽东半岛、华北平原和云贵高原西部之外，中国东南部大部分地区只能接受小于$4.0g \cdot m^{-2} \cdot a^{-1}$的硫沉降，而西北部则普遍可以接受大于$4.0g \cdot m^{-2} \cdot a^{-1}$的硫沉降。中国临界负荷最小（小于$1.0g \cdot m^{-2} \cdot a^{-1}$）的地区主要分布在东北的北部和南部，以及西南的东南部。这些地区的共同特点是森林覆盖率较高，土壤具有较强的酸性；较高的植被吸收速率和极低的土壤风化速率是导致这些地区对酸沉降敏感的主要原因。这些地区也是中国酸雨污染最集中的区域。

随着国民经济的发展和机动车保有量的增加，中国NO_x的排放量呈现逐年上升的趋势，并且这种高速增长的态势在21世纪初期仍将持续。同时，农业的发展需要大量使用化肥，这直接导致了大气中氨的排放增加。在这种情况下，大气氮沉降对生态系统的危害将愈加严重。在中国，由硫引起的酸化问题尚未得到最终解决，而由氮造成的土壤酸化以及河流和湖泊的富营养化问题也将变得更加突出。为了应对日益紧迫的NO_x控制需求，必须开展关于中国氮沉降临界负荷的研究。

由于氮沉降不仅导致土壤和地表水的酸化问题，还可能引发河流和湖泊的富营养化问题，因此氮沉降的临界负荷应取酸化氮临界负荷和营养氮临界负荷中的较小值。在地理信息系统的支持下，可以获得中国氮沉降临界负荷的分布情况。

与中国硫沉降临界负荷分布东低西高的总体趋势相反，中国氮沉降临界负荷总体上呈现自西向东逐渐增加的格局。氮沉降临界负荷最低（小于$1.0g \cdot m^{-2} \cdot a^{-1}$）的地区主要分布在青藏高原西部和阿拉善高原，这些区域的植被类型为温带、亚热带高寒草原，温带高寒半矮灌木荒漠和温带半矮灌木荒漠。氮沉降临界负荷最高（大于$4.0g \cdot m^{-2} \cdot a^{-1}$）的生态系统则是各种栽培植被，主要分布在东北平原、华北平原、长江中下游平原以及四川盆地等。此外，中国西部一些无植被地区，如沙漠、戈壁、盐壳、高山山顶碎石和冰川雪地，由于不存在酸化和富营养化的问题，其氮沉降临界负荷和硫沉降临界负荷也很高。

为了便于决策者进行酸沉降控制，应根据各省（自治区、直辖市）的临界负荷，确定该省（自治区、直辖市）可以承受的最大沉降量。

由于各地的自然环境、气候、土壤、植被等条件以及行政区面积的不同，中国不同省（自治区、直辖市）的最大允许硫沉降量和氮沉降量存在显著差异。北京、天津、上海、浙江、福建、重庆、贵州以及海南等省市可以承受的硫沉降和氮沉降量都较小。此外，江西、广东和广西等省区可以接受的硫沉降量较小；而山西、湖北和宁夏等省区（自治区）可以接受的氮沉降量较小。

需要特别指出，硫沉降临界负荷是在假设氮沉降很小的情况下计算得到的；氮沉降临界负荷的计算方法也类似。由于硫沉降和氮沉降在生态系统酸化过程中存在协同作用，如果允许的氮沉降量较大（比如接近氮沉降临界负荷），则相应的硫沉降量必须降低；反之亦然。根据临界负荷理论，就中国东南部大部分土壤而言，1当量氮沉降的酸化效应相当于0.3~0.5当量的硫沉降。

（2）中国大气污染物总量控制目标

总量控制目标确定原则如下：

①环境有效性原则。污染物总量控制以保护人群健康和生态环境不受损害为根本出发点，阶段性目标应有利于改善城市的空气质量状况，并减轻区域性的酸雨、光化学烟雾等危害。最终控制目标应根据污染物的大气环境容量来确定。

②可行性原则。污染物总量控制的阶段性目标应与中国国民经济的发展水平和污染治理的技术水平相适应。根据环境容量的开发利用与社会经济发展相协调的原则，科学地提出不同阶段、不同地区主要大气污染物排放总量的控制指标。

③差异性原则。不同高度的污染源排放的污染物，其传输和扩散的规律是各不相同的。电力行业的高架源排放会造成区域性的酸雨污染，而低架源则主要影响当地的环境质量。因此，针对不同的污染问题及其污染程度，所采取的控制方法和管理手段也应有所区别。

排放总量控制目标如下：

①基于环境容量，确定最终控制目标。从保护人群健康和生态环境不受损害的最终目的出发，应以所有城市的空气环境质量优于二级标准，或所有地区的酸沉降量低于临界负荷时的污染物排放量，作为总量控制的最终目标。

②根据中国的经济和技术发展水平以及国际经验，确定阶段性的控制目标。目前，中国SO_2和NO_x的排放量巨大，要在短期内实现基于环境容量的最终控制目标是不现实的。随着国家经济实力、技术水平的提升以及人们对环境质量要求的逐渐提高，减少污染物排放总量是总体趋势。然而，不同的经济发展阶段和污染物治理水平对应着不同的污染物削减速度。因此，在不同时期，可以根据社会、经济和技术的发展水平，以及污染物控制的现实可行条件，参考国际经验，确定阶段性的总量控制目标。

（三）实施严格的煤炭行业污染物总量控制

1. 实行多污染物排放协同控制

中国对SO_2、烟尘、粉尘等单一大气污染物进行了重点防治，有效控制了这些污染物的排放总量和污染水平。然而，煤炭燃烧会排放多种污染物，特别是在电力行业，高架排放导致污染物远距离传播，并在传播过程中发生化学反应，造成复杂的污染影响。因此，在控制技术条件逐步成熟的基础上，应以保护人体健康和生态环境为核心，构建系统、科学的空气质量标准体系和污染物排放标准体系。我们应摒弃传统的单一污染物孤立管理思维，将大气环境问题和各种大气污染物控制置于同一平台或统一的框架机制下，充分考虑各种污染物控制的协同效应，制订出大气污染综合控制战略和综合管理模式。

多污染物综合控制的基本原则是协同控制、一体化管理，同时需要考虑效益最大化与可持续发展。在电力行业多污染物协同控制中，应促进电力行业的清洁发展，提高电力行业综合防治效率，解决区域性环境污染问题。在技术层面上，应研究和开发除尘、脱硫、脱硝、除汞、CO_2收集与储存等协同减排技术。在政策层面上，国家应对协同减排实施激励政策，提出SO_2、NO_x、PM_{10}、Hg、CO_2等多污染物减排计划，并制订绩效分配方法及经济政策。在管理层面上，应综合统筹能源发展与环境保护，重视节能、优化能源结构，深化体制改革。

2. 实施国家清洁空气行动计划

中国在快速的城市化进程和高速的经济发展过程中，大气污染物以超强度集中释放，导致了区域性复合大气污染问题。污染的规模和复杂程度在全球范围内罕见，对生态系统和人体健康的危害令人担忧。

国家需组织各方力量，制订国家清洁空气行动计划。该计划应紧紧围绕未来20~50年内必须解决的城市大气环境质量、复合大气污染以及区域污染与气候变化等重大问题，以典型城市群地区的大气污染防治为核心。根据典型区域大气污染控制的需要，组织开展系统的技术研究和工程示范，形成中国大气污染控制核心技术的研发基地和自主创新体系。建立全国区域大气环境质量管理的机制和体系，推动大气污染治理技术的进步和创新，促进国民经济各部门的行业技术向节能减排和绿色化的方向发展。

为缓解中国日益紧张的能源供应压力，并改善大气复合型污染突出的地区的环境空气质量，应及时建立重点区域的大气环境质量管理体系，果断实施重点区域煤炭消费总量的约束性控制政策，以缓解中国区域大气复合型污染恶化的趋势。

3. 加强多种污染物综合排放控制

加强污染物综合排放控制的战略，实施能源发展与环境保护综合规划，优化能源结构，减少化石能源的使用量。

强化发电节能的综合效益以减少污染，坚持走污染物排放总量控制的道路，扩大总量控制的因子范围，采取发电排放绩效分配方法，制订电力行业多污染物综合减排计划。

加强行业污染排放控制，优化产业布局，从源头上控制污染物的产生，促进区域经济与生态环境的协调发展。在电力行业SO_2排放总量控制的基础上，实施冶金、建材、石化等重点行业的大气污染物排放总量控制，进一步在重点行业开展NO_x总量控制。利用经济杠杆减少主要大气污染物的新增量。依靠国内技术和控制方法的发展，加速技术创新和管理创新，实现科学的排污总量控制。

在京津唐、珠三角、长三角三个区域优先重点发展火电厂的脱硝技术。建立和发展排污权交易市场，有效降低NO_x减排的社会成本。深入开展燃煤引起的汞污染和砷污染控制研究。

（四）控制煤炭开发和利用的环境外部性

面对煤炭开采和利用带来的诸多环境难题，中国已制定并实施了一系列控制其环境外部性的经济政策。这些政策措施在实现环境外部成本内部化、完善煤炭价格形成机制、推进煤炭行业可持续发展等方面起到了积极作用。然而，由于煤炭价格体系尚不完善、相关税费征收标准偏低、政策滞后和不健全等诸多原因，煤炭开发和利用的环境外部性问题仍然十分突出。因此，需要完善这些政策并综合运用各种市场经济手段来控制煤炭开发和利用的环境外部性。

1．控制煤炭开发环节环境外部性的经济政策

（1）重建煤炭资源采矿权有偿使用制度

煤炭资源采矿权有偿使用制度是指采矿权人通过合法方式一次性付清相对资源租，并逐年缴纳绝对资源租以获得采矿权的制度。相对资源租制度是煤炭资源所有者出让采矿权时一次性收取相对资源租（又称红利或采矿权价款）的制度；绝对资源租制度是煤炭资源所有者依据所有权收取资源耗竭性补偿（又称权利金或耗竭性收益）的制度。

煤炭资源采矿权有偿使用制度的目的是最大化煤炭采矿权资源的价值，并确保煤炭资源得到合理的开发和利用。国外实践已充分证明，一次性收取采矿权价款能够有效提高煤炭的回采率。因此，为了提高中国的煤炭回采率并杜绝非法无序开采，应借鉴国外煤炭资源采矿权有偿使用制度的经验，重建中国的煤炭资源采矿权有偿使用制度。这是一项极其重要的控制措施。一方面，对于国家投资勘察的煤炭资源以及国家未投资勘察的煤炭资源，都应切实足额征收一次性采矿权价款。煤炭企业只有在一次性交纳采矿权价款后，才能获得煤炭采矿权并从事煤炭开采，从而实现从无偿获取到有偿获取的转变。另一方面，应进行煤炭资源税改革，切实提高中国煤炭资源税的税率，以真正反映煤炭资源的消耗损失，理顺煤炭价格形成机制，引导煤炭行业合理有序发展。

（2）煤炭资源税改革

煤炭资源税是以煤炭资源为课税对象，为了弥补煤炭资源消耗损失并体现煤炭资源有偿使用而征收的一种税，是煤炭有偿使用制度中绝对资源税的重要内容。针对目前中国煤炭资源税的情况，中国有关部门已经在研究新的煤炭资

源税方案。具体改革方向主要从以下两个方面入手：

①将过去的从量征收改为从量从价征收或完全从价征收，使煤炭资源税与煤炭价格联动，能够更好地发挥煤炭资源税调节市场主体行为的作用，真正起到保护煤炭资源的作用。当煤炭价格高时，按从价或部分从价征收的煤炭资源税也相应提高，这能明显降低煤炭行业的利润，调节市场主体行为，有效抑制煤炭行业的盲目开采。当煤炭价格低时，按从价或部分从价征收的煤炭资源税也相应降低，能够对整个煤炭行业起到一定的保护作用。

②提高征收额度。目前按从量征收的煤炭资源税为每吨3~4元，不足煤炭价格的1%，这是造成中国煤炭价格扭曲的重要原因之一。业内人士一致认为，大幅度提高煤炭资源税征收额度，并将煤炭消耗损失纳入煤炭价格体系是必要的。据有关报道，新的煤炭资源税方案可能将征收额度定为煤炭价格的10%，这一比例比一些专家估计的3%~5%还要高出不少。

总之，中国应加快煤炭资源税的改革进程，尽早出台新的煤炭资源税方案，使煤炭资源税真正成为保护中国煤炭资源、理顺煤炭价格形成机制、引导煤炭行业合理有序发展的有效工具。

（3）建立煤炭开采生态补偿制度

随着中国经济的快速发展，对能源（尤其是煤炭）的需求进一步增大。在缺乏强制性生态恢复制度的约束条件的情况下，大量开采煤炭资源加剧了矿区生态环境的恶化。因此，在中国建立煤炭开采生态补偿机制具有迫切的现实需要，这也是实现煤炭开采环境外部成本内部化的重要经济政策之一。此外，近年来国家明确提出要建立生态补偿制度，作为完善资源环境税费制度、资源环境有偿使用制度的主要内容之一，它成为促进和落实科学发展的重要手段。国家相继出台了一系列政策措施，鼓励国家和地方两个层次分别进行创新探索，开展多种形式的生态补偿试点。因此，实现国家建立生态补偿制度的目标，建立煤炭开采生态补偿机制是中国建立生态补偿制度的重要突破口。

在全国亟需推行生态补偿机制的背景下，应加紧对煤炭开发的生态补偿政策进行系统研究，并制订出具体可操作的实施方案。重点选择山西、内蒙古、新疆等典型煤炭资源开采区域，开展煤炭开采生态补偿试点，并逐步推广，力争尽早在全国范围内建立煤炭开采生态补偿制度。此举将为煤炭开采区的生态环境管理提供规范化、市场化的制度保障，并为控制煤炭开采区生态环境破坏提供资金渠道。

（4）实施环境治理保证金制度

按照"谁开发，谁保护；谁破坏，谁恢复；谁受益，谁补偿"的原则，煤炭开采企业有治理环境污染、恢复生态环境的责任和义务。这一原则需要具体的措施和制度来保障其落实。国外的大量实践证明，建立环境治理保证金制度是落实污染治理任务和保护生态环境的有效措施。环境治理保证金是一种确保企业落实环境污染治理措施的押金制度。如果企业达到了环境污染治理的要求，保证金将全部返还；如果企业未实施环境污染治理措施或未达到治理要求，政府将使用其缴纳的保证金，寻找新的实施主体进行环境污染治理。

针对煤炭开采造成的各种环境影响，建议在中国煤炭行业建立环境治理保证金制度，实行专款专用，以督促企业落实《中华人民共和国煤炭工业污染物排放》的具体要求，有效调动煤炭企业建设污染治理设施的积极性，改变整个煤炭行业在环境污染治理方面滞后的被动局面。同时，强化对污染治理设施运行情况的监督，以实现控制原煤开采、选煤及其相关煤炭储存、装卸场所的污染物排放，消除对生态环境造成的不利影响。

考虑到中国煤炭行业的实际情况，中国煤炭开采行业的环境治理保证金征收标准可以定为每吨20元。其中包括煤矿排放污水治理费每吨3.3元，煤矸石安全处置费和自燃灭火费每吨4.4元，大气污染物（煤矿锅炉除尘脱硫、储煤场全封闭、运煤专用公路硬化）费用每吨7.3元，废弃煤矿环境治理费每吨5元，以上四项费用合计每吨20元。此标准适用于所有煤炭开采企业，按煤炭生产量进行征收。从环境外部成本内部化的角度来看，在控制煤炭开发环节的环境负外部性方面，实施环境治理保证金制度比征收排污费更有效。通过实施环境治理保证金制度，可以有效控制煤炭开采环节的环境负外部性，实现"不欠环境新账，多还环境旧账"的目标。

2. 控制煤炭利用环节环境外部性的经济政策

（1）进一步完善排污收费制度

排污收费是针对具有排污行为的企业征收的费用，其目的是减少环境污染的负外部性，也是将环境外部成本内部化的有效手段。从理论上讲，只有当排污收费标准不低于削减每单位污染物所花费的社会平均边际治理成本时，才能刺激排污企业进行有效的污染治理；只有当排污收费标准不低于污染物造成的经济损失时，才能实现环境外部成本完全内部化的目标。

（2）加快建立环境税收制度

所谓的环境税，是国家为了保护环境和资源凭借其权力向一切开发和利用环境资源的单位和个人征收的一种税，税额按其开发利用自然资源的程度或污染破坏环境资源的程度而定。专门的环境税收制度具有其他环境管理手段和经济政策无法比拟的优势：①对污染和破坏环境行为的调控力度更大，调控范围更广。②可以为污染治理提供更稳定的资金来源，能有效解决环保投资资金不足的问题。

目前，全世界已有相当多的国家实施了环境税收制度。各国将所征收的环境税专款专用，投入到环境保护和环保产业的发展中，使税收在促进环保和环保产业发展中发挥了巨大作用。此外，各国还积极采用税收减免和优惠政策，鼓励企业节约能源，积极治理污染，取得了较好的环境效果。因此，中国引入并实施环境税收制度是完善中国环境管理的重要手段之一，意义十分重大。

从理论上讲，环境税和排污收费都是有效控制环境污染的经济手段，同时也是实现环境外部成本内部化的有效方式。但环境税相比排污收费具有更强的法律约束力，更容易足额征收，能为环境污染治理提供稳定的资金来源。因此，中国应在充分借鉴其他国家经验的基础上，率先开征大气污染税（如SO_2税、NO_x税等），以取代相关的排污收费，控制煤电等行业的大气污染排放。

减少煤炭等能源使用环节的环境外部性。在此基础上，逐步建立适合中国国情的环境税收制度，更有效地实现环境外部成本的内部化。

（3）继续深化电价环保补贴政策

电价环保补贴政策的理论基础在于对主动减少环境负外部性的燃煤电厂给予一定的奖励，部分弥补其因减少自身环境外部性而产生的高额私人成本。电价环保政策、环境税和排污费都是实现环境外部成本内部化的有效手段。但与环境税和排污费相比，电价环保补贴政策通过"以奖促治"的方式激励燃煤电厂主动采取必要措施控制污染物排放。从理论上讲，如果将排污收费标准提高到高于污染治理的平均边际成本，即能达到刺激污染治理的目的。

（4）全面推行排放指标有偿使用

根据环境经济学理论，环境容量属于稀缺资源，环境容量资源的使用者需要支付相应的成本。即在污染物总量控制下，对排放指标进行初始配置应采取有偿分配。排放指标的有偿分配不仅反映了环境容量资源稀缺性的经济价值，而且体现了其产权在国民收入分配中的具体意义，有利于有限的环境容量资源得到高效配置。

目前，中国已针对SO_2和COD（化学需氧量）实施总量控制，其指标的初始配置基本是按照历史排放法进行等比例削减的无偿分配，未能真正体现出资源容量的稀缺性和实现排污指标的有效配置，不利于调动企业进行污染治理的积极性，难以使有限的排放指标发挥出最大的经济效益。不过，中国已经开展了一些对污染物总量指标进行有偿分配的试点，出现了浙江秀洲等多种模式，提高了排放指标初始分配的效率，取得了良好的环境保护和经济效果。因此，在充分借鉴国外排放指标有偿分配经验的基础上，结合中国实际情况和地方试点经验，国家应抓紧选择一些条件良好的地区或行业开展排放指标有偿取得和排污交易试点。考虑到中国污染物总量控制政策，有偿获得的排放指标主要选择SO_2和COD。试点内容包括电力行业SO_2排放指标的有偿取得和重点流域COD排放指标的有偿取得。电力行业SO_2排放指标的有偿取得可以选择SO_2排放量大、酸雨污染严重的长三角、珠三角、东部地区开展试点，也可以直接在整个电力行业开展SO_2排放指标有偿取得试点。重点流域的COD排放指标有偿取得可以选择若干个污染严重的流域开展试点，如太湖、淮河等。通过试点积累排放指标有偿取得和排污交易的管理经验，为进一步探索和形成适合中国国情的排放指标有偿取得和排污交易的管理机制及办法提供了实践基础，也为在全国推行SO_2和COD排放指标有偿使用制度做好铺垫，对未来中国在电力行业实施的NO_x等其他大气污染物总量控制和排放指标有偿取得提供了借鉴模板。

二、中国煤炭可持续利用的战略目标与政策建议

（一）中国煤炭可持续利用的战略目标

由于中国资源赋存量的先天限制，煤炭在中国一次能源结构中仍将占据主体地位。煤炭的安全、高效、环境友好开采以及科学、清洁和高效利用，将是

煤炭可持续开发利用的主题。

在煤炭的安全、高效、环境友好开采方面，针对中国国民经济发展对煤炭的强劲需求、煤炭资源赋存地质条件复杂、开采难度大的现实，应加强煤炭企业的集约化和机械化程度，加强科学技术研究。到2030年，计划用20年基本实现煤炭的科学、安全开采和科学利用。在安全方面，将每年事故死亡人数从3000多人减少到300人；百万吨死亡率从1人/Mt降低到0.1人/Mt（年产煤30亿吨以上）。在高效开采方面，将全面淘汰和关闭6万～15万吨以下的小煤矿；煤矿数量从1万多处减少到2000处以下；机械化开采率从40%提升到80%以上；少部分（约5%）煤矿实现自动化开采，科学开采的产能达到26亿至37亿吨。在洁净开采方面，高瓦斯煤层将全部实现抽采利用，80%的矿井水将实现处理复用，基本消灭矸石山，塌陷土地复垦率达到80%。

中国以煤为基础的能源结构引发了严重的环境污染问题。由于中国80%以上的煤炭直接用于电站锅炉、工业锅炉、工业窑炉以及民用炉具等燃烧设备，煤炭燃烧排放的主要污染物包括SO_2、NO_x、颗粒物、CO_2、废水、固体废弃物等。

从SO_2环境容量的角度考虑，要增加煤炭消费，必须应用先进高效的洁净煤技术或使用低硫燃料，并有计划地发展超临界、超超临界、IGCC等先进高效发电技术，以及先进的脱硫和低（脱）NO_x等污染物控制技术。应促进燃煤工业锅炉和窑炉技术装备的升级，推动技术进步，有序推进新型煤化工技术的发展，积极开展煤基多联产和减排CO_2研究。目标是到2030年，使煤炭燃烧发电效率接近50%，转换效率超过70%，废渣处理率超过80%，废水处理率超过90%。根据分析，到2030年，中国的SO_2环境容量应控制在约2000万吨，按照燃煤排放占80%估算，燃煤排放量应控制在1600万吨以内，燃煤NO_x排放量降至800万吨。同时，通过节能和CCS技术的应用，增加煤炭使用量的同时降低CO_2排放量，力争到2030年将CO_2排放量控制在65亿吨以内。

（二）中国煤炭可持续利用的政策建议

"中国可持续性煤炭利用与污染控制政策"课题组，通过国际、国内专家的共同研究，借鉴其他国家在煤炭资源清洁高效开发和利用方面的经验，提出以下四个方面的政策建议。

1. 进一步加强煤炭开发与利用相关产业管理

（1）设立全国统一的煤炭开发与利用行业主管部门

建议组建一个新的政府部门（部委），全面负责国家能源管理，并赋予以下职能：

①协调中央和地方政府有关煤炭行业的各项政策措施，统筹涉及煤炭产业及相关产业的发展。

②进一步完善全国能源政策体系，建立健全煤炭及其他能源产业政策激励机制，兼顾能源安全、经济、环境及社会等多重目标，统筹协调煤炭行业产业链在生产、运输和利用等各个环节的可持续发展问题。

③加强煤炭产业的规划与管理。统筹考虑和协调煤炭产业链相关产业的发展、煤炭需求的变化与市场化机制，系统性地考虑全国煤炭需求与煤炭产区的环境承载力、就业和区域经济发展。系统研究全国能源规划，协调煤矿、电厂、煤炭铁路、港口的建设，并考虑未来碳捕获与储存地质工作及CO_2运输管线的选址等问题。

（2）加大煤炭安全管理部门的执法权限

①在企业层面，依法建立明确的安全生产责任制度以及违章的处罚条例，并对因工伤亡和患有职业病的矿工及其家属进行相应的赔偿。

②加强对煤矿的安全监察，完善重大矿难的独立调查机制，以发现安全生产中存在的系统性隐患，并从中吸取教训。

③在煤矿管理人员与矿工中营造安全生产的企业文化氛围，具体措施包括培训及鼓励煤矿工人增强保护自身安全的意识。

④赋予煤矿安全检查员更大的执法权力，一旦发现严重违章操作，无论煤矿的级别，在不需上级机关批示的情况下即有权下令停止现场的生产作业。

⑤鼓励煤矿采用先进的通风和除尘技术，以降低矿工患尘肺等职业病的风险。

⑥在主要煤炭产区选择合适的教育机构开设煤炭安全培训课程，以促进煤炭行业的政府职能部门官员、企业管理人员和煤矿工人的安全生产能力建设，并强化个人安全培训与在政府机关和煤炭企业重要岗位任职之间的联系。

（3）加大环境保护部门的执法权限

①进一步建立和完善项目建设环境审批一票否决权。

②为环境保护部门单独提供资金保障。可行的途径之一是将各类环保收费、罚款和环境税作为一般性政府财政收入的一部分，然后由国家财政统一向各级环保部门拨款。

③多种环境压力的积聚和互动产生的累积效应，会严重影响生态系统的各个组成部分及其环境功能。因此，中国现有的环境影响评估体系也应将环境累积效应评估纳入其中，环境累积效应评估对山西、陕西、内蒙古和新疆等生态环境脆弱的产煤区意义尤其重大。

（4）强化煤矿许可证相关管理部门的执法权限

国家有关部门应会同相关研究机构，加强对全国煤炭资源开发规划的系统研究工作。根据煤炭资源的区域分布特征、资源品种、开采条件及煤炭运输通道建设等因素，提出全国煤炭资源开发的总体布局方案，明确资源开发规模向西部转移的节奏和矿区转移顺序。结合资源地区生态环境的承载能力，合理控制煤炭资源开发规模，促进资源开发、区域经济发展与环境保护的协调发展。

煤炭资源开发规划、煤炭生产建设规划、煤炭运输建设规划、煤炭加工转化与利用规划、煤炭矿区生态环境恢复与治理规划、煤炭污染物控制与减排规划等需要相互衔接、协调配合、有机结合。应加强监督管理，防止相关规划之间脱节，以免影响规划的执行和目标的实现。

煤炭开发管理部门应合理安排煤炭生产布局，要将生态环境承载容量限制放在突出重要的位置，控制生态环境脆弱地区的开采规模。优化产品结构，提高洗选比例，在资源环境条件允许的前提下，鼓励延长产业链条，发展煤化工产业，提高石油替代比例，减少煤炭的直接燃烧。

强化煤矿许可证相关管理部门的执法权限，并将煤矿开发的环境影响作为许可证审批和发放过程中的重要参考依据。

（5）鼓励协会社区参与相关工作

政府部门应重视行业协会在煤炭资源开发、加工利用、环境保护和煤炭清洁生产技术创新中的重要作用，并建立协会参与政策制订的征询机制。政府在制订和出台煤炭可持续发展相关战略、规划、政策、标准和技术法规前，应认真听取并征求相关协会的意见和建议，确保决策的科学性和有效性。

逐步鼓励产煤地区的当地社区参与煤矿项目开发的各个阶段，尤其是参与煤矿环境评估过程中。

2. 完善环境可持续的煤炭开发与利用法规体系

（1）加强对生产和废弃煤矿的废弃物管理

①建立关于煤矿关闭与复垦的明确法规，这些法规的执行应由上一条所提及的机构统一管理。由国家能源综合管理部门协调制定煤矿开办、生产核定、关闭与矿区土地复垦等相关法律法规，并实施监督管理职能。

②建立煤矿开办与运营许可管理体系，要求开办煤矿必须履行废弃物无害化处理的义务。研究制订相关标准，加强对煤炭燃烧产生的副产品（如粉煤灰）的应用。主要包括以下六个方面：一是土地沉陷的控制性回填。二是通过复垦过程中的人造土壤技术来抵消资源开发对环境的影响。三是控制酸性废水。四是管理煤炭废弃物。五是当煤炭废弃物的回收使用可能对食物链产生影响时，必须制订煤炭废弃物中微量元素含量的相关技术标准，以避免煤炭废弃物中超标的汞及其他有害微量元素对食物链的污染。六是利用粉煤灰生产混凝土和水泥。

（2）修订和完善商品煤质量标准

制订和修改煤炭利用工艺及装备技术规范，明确设备能效和排放标准。研究建立发电用煤质量标准，控制电厂燃烧原煤，推进动力用煤（电煤）全部入洗。

（3）研究建立煤炭污染物排放标准体系

逐步建立地方、区域及全国的空气质量标准体系。污染物控制法规从以单个工厂控制为主，逐步向地方、区域和全国实施污染物总量控制转变。控制范围由现行的SO_2、NO_x和悬浮颗粒物逐步扩大到挥发性有机物、CO和重金属。

（4）根据区域生态环境容量，研究建立煤炭消费水平的考核标准，并进行总量控制。

煤炭消费总量控制可以运用总量控制目标，配合碳税或其他相关政策实施。通过设定能源效率和排放性能标准的途径来促使新厂矿和设备的投资达到最佳可行技术标准（BAT）的水平，以便在未来排污收费增长的情况下降低成本，并为碳固存的实施做好必要准备。具体措施如下：

①建立一个跨部门机构，为各产业定义与BAT技术相一致的性能标准，并在此基础上向负责规划、审批新电站、工业厂矿的相关机构和部委提出政策建议。

②在项目动工之前，地方政府做出的投资决策必须得到上一级跨部门机构的批准。同时，应该建立一个适当的机制，以便其他机构或地方利益群体在具体情况下能就如何定义性能标准的问题提出申诉。

③最低能源效率与环境性能标准的制订可以避免对具体某一项技术的强制性推广，并能够保障投资者在具体情况下灵活选择BAT技术的权利。

④必须对煤炭产业的重点用能机器设备建立明确的能效和排放指标，以便于BAT技术的采购管理。

3. 进一步推进市场化改革，促进煤炭可持续利用

①在全国八个省开展煤炭资源有偿使用制度试点的基础上，应尽快组织研究试点情况并在全国推行煤炭资源有偿使用制度。

②组织研究国务院在山西省开展的促进煤炭工业可持续发展政策措施试点工作的实施效果，进行评估，并提出在全国范围内推广煤炭工业可持续发展政策的意见和建议。

③建立并加强中国煤炭资源税费的支付机制，以确保煤炭资源税费的收取标准能够真实地反映煤炭资源在市场使用中的最高价值。一旦实行地方、地区、全国的总量控制（如NO_x、SO_x等），排放价格可以由总量控制和排放交易系统来决定。如果不采用这种体系，也可以直接对空气污染物的排放征收环境税。

④进一步理顺煤电价格关系。煤电的定价和电力的零售价格都必须能够真实地反映国内和国际市场的变化，从而保障煤炭和其他能源的高效利用。

4. 加强科技创新，促进煤炭可持续开发与利用

（1）积极推进煤炭绿色开采利用技术的开发应用

为了将中国煤炭产业的环境危害降至最低，需要建立一个"绿色开采攻关项目"，并着重进行以下六方面的研究工作：①开采与复垦同步的技术。②采区沉陷最小化技术及沉陷区管理。③煤炭废弃物最小化技术以及环境友好型管

理方法。④采矿与洗选过程中的水资源保护、规划与管理。⑤矿区生态系统风险管理。⑥煤矿安全关闭与全方位复垦。需要重点研究、开发和推广的绿色开采技术，包括：

一是水资源保护——"保水开采"技术。

二是土地与建筑物保护——"充填开采"技术。

三是瓦斯抽放——"煤与瓦斯共采"技术。

煤矿瓦斯（煤层气）技术的研究、开发和推广应围绕三个核心展开：一是研发不同类型的瓦斯抽采技术。二是研究煤矿瓦斯（煤层气）中CH_4浓度的大幅波动对煤气供应稳定性和燃烧装置的影响。三是发展低浓度瓦斯利用技术。

（2）加大煤炭清洁利用技术的研发与推广

重点研究煤炭清洁高效燃烧、煤气化和煤化工转化利用技术，主要包括以下几个方面：

①高参数超超临界发电技术。

②整体煤气化联合循环。

③高效清洁的分布式燃煤技术。主要包括：一是层燃全程分级优化配风节能技术。二是高效煤粉燃烧技术。三是多元耦合燃烧技术。

④适用于多种煤炭燃烧控制的实用自动化控制技术。

⑤多联产的核心技术包括煤气化技术，大型燃气轮机、液相反应器和新型催化剂系统。

⑥鼓励直接和间接煤制油技术的商业化研发，使其肩负能源行业"后备技术"的使命，在将来国际油价长期居高不下或者碳固存技术发展成熟并具有经济可行性的前提下，可考虑该技术在国内的推广。

⑦煤炭燃烧及气化固体废弃物的管理。

（3）加快发展CO_2捕获与储存技术

①建立一个国家级的碳固存研究中心。

②提供项目投资配套资金和入网优惠电价，以加速建设中国首批碳固存实验装置（包括CO_2地质储存）。

③研发高效的碳捕集技术，并尽快将其从试验装置推广为商业化应用。

④通过全国性的高精度地质与地球物理勘探，确定碳储存的潜在地质结

构，并将相关信息提供给广大的项目投资者。同时，加强对长距离CO_2管道运输的研究工作。

⑤全面参与研发碳固存技术的国际组织，如碳收集领导人论坛（CSLF）、全球碳捕集与封存研究院（GCCSI）和国际能源署（IEA）。

参考文献

[1]王宏明, 张峰, 金路.煤田地质勘查与矿产开采[M].长春: 吉林科学技术出版社, 2023.

[2]郑鹏, 李建兵, 程海兵.矿井遗留煤炭资源安全高效开发技术与实践[M].徐州: 中国矿业大学出版社, 2023.

[3]于世连, 王美柱.深部煤炭资源采选充+X绿色化开采方法[M].徐州: 中国矿业大学出版社, 2023.

[4]谭旭红, 高太光, 张紫恒.煤炭资源枯竭型城市绿色转型发展模式与实现路径研究[M].徐州: 中国矿业大学出版社, 2023.

[5]张文辉.煤炭清洁高效利用探索与实践[M].北京: 化学工业出版社, 2023.

[6]尚建选, 郑明东, 胡浩权.煤炭清洁转化技术丛书: 煤炭热解与焦化[M].北京: 化学工业出版社, 2023.

[7]万志军, 张源, 冯子军.能源矿产概论[M].徐州: 中国矿业大学出版社, 2023.

[8]朱志洁.煤矿绿色开采技术[M].徐州: 中国矿业大学出版社, 2023.

[9]陶镕甫.煤矿特殊开采办法[M].北京: 煤炭工业出版社, 2023.

[10]秦喜文, 封文茂, 徐晓亮.煤矿开采与安全技术研究[M].哈尔滨: 哈尔滨出版社, 2023.

[11]焦裕敏, 张立刚, 杨丽.地质勘查与环境资源保护[M].西安: 西安地图出版社, 2022.

[12]彭苏萍, 王亮.绿色矿山系列丛书: 绿色矿山建设与管理工具[M].北京: 冶金工业出版社, 2022.

[13]付恩三, 刘光伟.智能露天矿山理论及关键技术[M].沈阳: 东北大学出版社, 2022.

[14]邓久帅.绿色矿山技术装备系列丛书: 绿色矿山技术进展[M].北京: 地质出版社, 2022.

[15]程芳琴.煤矸石资源化利用技术[M].北京: 冶金工业出版社, 2022.

[16]董彩霞, 张涛.矿业环境保护概论[M].北京: 冶金工业出版社, 2021.

[17]王栋民, 房奎圳.煤矸石资源化利用技术[M].北京: 中国建材工业出版社, 2021.

[18]杨洪飞.废弃矿区的生态修复技术研究[M].北京: 北京工业大学出版社, 2021.

[19]杨洪飞.循环理念下矿区的开采与生态修复研究[M].北京: 北京工业大学出版社, 2021.

[20]樊艳平.矿区生态环境评估及修复规划研究[M].北京: 气象出版社, 2021.

[21]胡振琪, 宫有寿.煤矸石山生态修复[M].北京: 龙门书局, 2021.

[22]焦长军, 吴守峰, 李泽卿.煤矿开采技术及安全管理[M].长春: 吉林科学技术出版社, 2021.

[23]杨炳滔, 李国红.煤矿开采与一通三防技术[M].北京: 文化发展出版社, 2021.

[24]高建平, 耿东坤, 宋明明.特殊煤层开采技术研究[M].北京: 北京工业大学出版社, 2021.

[25]陈雄.煤矿开采技术[M].重庆: 重庆大学出版社, 2020.

[26]康红普.煤矿开采技术[M].北京: 科学出版社, 2019.

[27]付亚平.煤矿开采技术[M].北京: 中国原子能出版社, 2020.

[28]霍丙杰.煤矿智能化开采技术[M].北京: 应急管理出版社, 2020.

[29]徐宏祥.煤炭开采与洁净利用[M].北京: 冶金工业出版社, 2020.

[30]肖蕾.绿色矿山智慧矿山研究[M].银川: 阳光出版社, 2020.